AF384066

CLAUDE ANET

NOTES

SUR

L'AMOUR

NOTES SUR L'AMOUR

CLAUDE ANET

NOTES
SUR
L'AMOUR

PARIS
LIBRAIRIE CHARPENTIER ET FASQUELLE
EUGÈNE FASQUELLE, ÉDITEUR
11, RUE DE GRENELLE, 11

1908

PRÉFACE

On ne trouvera pas ici une définition de l'amour. A quoi bon en proposer une nouvelle? Si vous n'avez pas été amoureux, les paroles les plus belles des poètes n'arriveront pas à vous donner de l'amour une idée même lointaine. Si vous en avez senti une fois la force, il n'est aucun besoin de le définir.

Chacun, du reste, se déclare renseigné et se juge capable de discourir sur ce sujet.

La plupart des auteurs qui ont parlé de l'amour se sont bornés à en décrire les effets. Ces effets varient suivant les milieux, les temps, les mœurs. C'est pourquoi chaque génération a le droit d'apporter à son tour une description des apparences changeantes que revêt l'éternel amour. Et c'est une besogne que l'on recommencera avec le même intérêt jamais épuisé jusqu'à la consommation des siècles.

S'il est une métaphysique de l'amour, je n'ai pas un mot à ajouter aux pages admirables que Schopenhauer lui a consacrées.

Si l'on se refuse l'émouvant plaisir des méditations métaphysiques sur ce thème, nous avons pourtant le droit d'affirmer que le seul but certain de la vie est la propagation de la vie et que, dans l'amour, il faut voir « l'action d'une force naturelle inexorable ».

L'amour garderait sa beauté et sa puissance tragique, si chacun adoptait cette vue. Mais peut-être enlèverait-on à ses drames l'amertume qui leur donne le goût de la mort si l'on voulait reconnaître dans la naissance, le développement et la fin de cette passion, l'effet de lois naturelles, plus compliquées, mais aussi nécessaires et inflexibles que celles de la pesanteur?

La forme de ce livre surprendra peut-être. Je me suis interdit le discours. L'amour est un sujet qui souffre mal un exposé didactique. On sacrifierait trop à la rigueur d'une exposition méthodique. La forme de la dissertation avec ses points successifs et ses transitions obligées apparaît un cadre d'une inutile raideur pour y faire entrer cette matière vivante, diverse, ondoyante...

Alors des notes, brèves ou longues, directes toujours, entre lesquelles j'ai épargné au lecteur et à moi-même l'ennui des transitions.

Elles ont été prises au cours de plusieurs années. On ne se met pas à sa table un beau matin en se disant : « Je vais faire un livre sur l'amour. » Ayant écrit, sur ce sujet, des pages sans suite, au hasard des rencontres et des spectacles que la vie m'a offerts, j'ai relu un jour ces fragments épars et j'ai pensé que peut-être ils occuperaient sans ennui pendant une heure le lecteur que je me souhaite.

Ils sont parfois contradictoires. Qu'importe? Il y a un nombre plus grand de contradictions dans la nature qu'on n'en trouvera dans ce petit livre. Écrites à des époques diverses et dans des dispositions d'esprit différentes, ces notes vont tout de même, par des chemins détournés ou directs, vers un seul but qu'on entrevoit...

Je sais ce qu'on pourra leur opposer.

On dira qu'elles ne visent pas assez à donner un tableau de la réalité objective, qu'elles sont l'œuvre d'un homme, et que cela se sent trop.

Je serai heureux de lire sur ce même sujet le livre d'une femme. Je suis certain que si elle veut être sincère et que si elle se place au point de vue féminin, elle nous apprendra des choses intéressantes. Mais si elle veut parler en homme, il y a bien des chances pour qu'elle ne nous dise rien de significatif. Faisons donc chacun notre besogne. Notre seul effort doit être de voir clair et de ne pas nous laisser duper par les mots, par les préjugés et par les attitudes.

Du reste, l'effort que nous faisons pour décrire les choses dans leur vérité n'est-il pas vain ? Quelques-uns arrivent et disent orgueilleusement : « Voici l'univers tel qu'il est. » Et, cependant, ils nous présentent l'image qu'ils s'en font.

Au moins n'ai-je pas été la dupe de cette illusion. La réalité nous échappe. Que savons-nous au delà des apparences ? Les philosophes ont contemplé le monde ; ils l'ont vu étalé devant leurs yeux avides ; ils ont regardé ses montagnes dépuinées, les forêts où le vent chante ou pleure, le flux et le reflux infatigable des mers, les ciels changeants, le cours immuable des astres, la foule pullulante des hommes, — et le cerveau de l'homme qui est à lui seul un monde plus complet que l'univers entier. Ils se sont abîmés dans leur contemplation ; ils ont perdu conscience d'eux-mêmes. Maintenant ils vont saisir les secrets de la vie éternelle. Penchés sur l'univers infini, ils l'interrogent : « Qu'es-tu ? » Et une voix sourde monte des profondeurs et leur répond : « Je suis toi. »

Il y a de quoi mourir de rire — ce qui est une solution — à voir les efforts désespérés que l'homme fait pour pénétrer par delà les apparences, pour dépouiller sa personnalité et refléter dans un pur miroir la vérité nue. Mais nous ne quittons notre individualité qu'au moment de a mort... et plus loin, nous ne savons rien.

Ce livre n'offre donc, comme tous les autres, qu'une interprétation des choses. On peut discuter la valeur artistique de l'interprétation ou son intérêt. Mais nul n'a le droit de me reprocher de ne pas donner une vue objective d'une réalité qui, différente pour chacun de nous, restera en elle-même éternellement ignorée.

C'est pourquoi je n'ai pas hésité à employer souvent le « je » dont on assure (je ne sais pas bien pourquoi) qu'il est haïssable. Stendhal, déjà, dans la préface de *L'Amour* s'excuse de la nécessité où il est de parler de soi. On ne peut éviter cette difficulté. En ces matières, vous décrivez ou des expériences que vous faites, ou des aventures auxquelles vous avez assisté comme témoin. Dans l'un et l'autre cas, quelle que soit la peine que vous preniez pour le dissimuler, c'est votre interprétation que vous proposez au lecteur.

Et finalement il est peut-être plus modeste de dire : « je » que de vouloir ériger en vérité générale, ce qui n'est qu'expérience individuelle.

Je sais quelle est la malignité du monde.

Il est un certain nombre d'individus envieux et malades, qui, n'ayant rien à faire, s'occupent avec passion à brouiller les gens. Ils emploient leurs loisirs à colporter les nouvelles, à rapporter dans un lieu ce qui s'est dit secrètement dans un autre; ils sont d'une prodigieuse habileté à découvrir des intentions là où vous n'en avez pas mis, à trouver des ressebmlances où il n'en est point. Ils ajoutent malicieusement à ce que vous avez dit, déforment les propos et les enveniment.

Écrivez-vous le mot « femme », déjà leur imagination s'enflamme; il ne leur en faut pas plus pour savoir à qui vous avez pensé, et, les moindres mots, ils les commentent, les interprètent, les développent: « ... Une femme jeune, jolie, coiffée à la grecque et portant une robe Directoire... ce ne peut être que madame R... » Ils volent chez madame R... bouillants d'indignation : — « Voyez, disent-ils, voyez ce qu'il ose! Vous le recevez, vous le traitez en ami, et que va-t-il imprimer sur vous! Car c'est vous, c'est vous, vous dis-je. N'êtes-vous pas jeune, jolie? N'étiez-vous pas au bal hier en robe Directoire et coiffée à la grecque? Cet homme est un infâme! »

Le malheur est que cette scène se répète dans trois ou quatre sociétés différentes et que, dans chacune, on est également persuadé que c'est madame X... et nulle autre que l'auteur a dépeinte, car il est, grâce aux dieux, plus d'une femme jeune et jolie dans la ville, on donne encore des bals, et, comme personne ne l'ignore, les coiffures à la grecque et les robes Directoire sont à la mode cette année.

Faut-il répondre à ces gens mal intentionnés qu'ils se trompent et que je n'ai dépeint personne en particulier? Ce serait

une étrange façon de reconnaître l'hospita-
lité des gens que de les diffamer dans ses
écrits. Et, du reste, comment aurai-je
trouvé des modèles dans le monde? Tous
les hommes à qui je serre la main ne sont-
ils pas loyaux, sincères, discrets, dépour-
vus de haine, exempts de jalousie, à l'abri
des passions, bons pères, fidèles maris?
Les femmes que j'ai l'honneur de connaître n'auraient-elles pas été choisies par le
grand César dont l'épouse devait être au-
dessus du soupçon? Comment aurai-je
donné du piquant à mes descriptions et
mis dans ces pages l'accent de vérité qu'on
y trouvera peut-être, si je m'étais borné à
tracer les portraits des braves et dignes
gens dont je fais mon exclusive société?

Faut-il jurer ici que les mœurs que je
décris et les traits de caractère que j'ai
relevés, je les ai trouvés dans la planète
Mars qui est habitée, comme chacun le
sait, et où j'ai passé quelques années fort
intéressantes à un moment où le séjour de

la Terre m'était devenu fastidieux par l'excès
de vertu de ses habitants?

Mais il est inutile de chercher à apaiser
les gens aigris dont le métier est de semer
la zizanie dans la ville. Et je ne ferai pour
les gagner aucun serment inutile.

Les honnêtes gens verront suffisamment
que j'ai évité avec soin dans ce li re tout
ce qui pouvait, en visant un individu déter-
miné, éveiller une curiosité scandaleuse.

Je me suis servi souvent au cours de ces
pages de confidences que j'ai reçues. Mais
je ne pense pas en avoir fait un usage
défendu et que personne puisse se lever et
me crier : « Vous avez trahi la confiance
que j'avais mise en vous. »

Par ailleurs on me dira : « Comment
avez-vous ajouté foi à ce qu'on vous a ra-

conté? Ne savez-vous pas que chacun se déguise pour ne se laisser voir que dans un costume et dans des attitudes avantageux? »

Il n'est, en effet, personne qui soit absolument sincère. Mais il est des heures où chacun, presque malgré lui, est poussé à dire la vérité.

Les femmes, elles-mêmes, qui mettent tant d'art à s'arranger, ont leurs moments de franchise. Ces grands enfants délicieux ont un irrésistible besoin de se raconter. Or il est difficile de mentir toujours et avec suite. A qui les écoute avec sympathie et avec un peu de clairvoyance, il n'est pas de secret que finalement elles ne livrent.

Si on se décide à publier un livre sur l'amour, il faut avoir les femmes avec soi.

Pourtant qu'ai-je fait pour me les concilier?

Quand j'y réfléchis, je suis épouvanté à voir que j'ai parlé, d'elles comme de nous, avec une sincérité naïve et dangereuse et que je ne leur ai pas offert, pour me les rendre favorables, les doucereux bonbons que nos confiseurs de lettres à la mode s'entendent si bien à confectionner pour leur plaire.

Mais elles ne s'y tromperont pas et reconnaîtront qu'il y a plus d'estime véritable dans la franchise dont j'use que dans les hommages serviles qu'on leur rend. J'imagine que les femmes, — ai-je tort? — ne font pas grand cas de qui les flatte et qu'elles ont un peu de mépris pour qui ne sait que s'humilier devant elles et s'abaisser?

Je ne dirai pour me défendre que ceci : Qui s'y connaît mieux en courage que les femmes? Ne sont-elles pas plus audacieuses que nous? Alors peut-être me pardonneront-elles d'avoir parlé librement d'elles; — en homme courageux.

Ceci est donc le livre d'un homme.

Ce n'est pas une raison, après tout, pour qu'il déplaise aux femmes.

On y trouvera peu de sentimentalité.

Pourtant, je ne pense pas que l'on s'y trompe et qu'on en juge le sentiment absent.

Mais la sentimentalité fade, poisseuse, universelle, non, je n'en veux pas.

C'est, en amour, quelque chose comme le joli en art. Et, par haine du joli, de ce qui est facile, qui plaît à tous, les artistes vont parfois jusqu'à la laideur qui, à force de caractère, a sa beauté.

L'abus affreux qu'on a fait, qu'on fait chaque jour, de la sentimentalité, cet apitoiement sans mesure, hors de propos, cette effusion radoteuse, ce balbutiement imbécile, le langage des fleurs et l'ânonnement des âmes, sont propres à donner le dégoût de l'amour à tout être un peu fier.

Comme je m'occupais à mettre ces notes en ordre, je reçus la visite d'un ami qui me demanda à quoi je travaillais. Et je le lui dis :

— Comment, s'écria-t-il, vous voulez parler de l'amour. Mais l'amour, c'est l'abjection, la crise de folie, la pourriture, la fin de tout !... Quel fléau, quelle peste, quel tremblement de terre, quel conquérant, a laissé dans le monde les ruines que l'amour y a amassées?... Auprès de lui, l'argent est innocent et sans tache. L'amour dégrade ; il souffle le vol et la corruption ; il ronge les moelles, rend le héros lâche et l'homme pareil à la bête ; il...

— Arrêtez-vous, interrompis-je. Cela ne suffit-il pas pour montrer qu'il n'est rien au-dessus de l'amour, puisqu'il est, en effet, tout ce que vous dites... et tant d'autres choses encore.

NOTES SUR L'AMOUR

DE L'AMOUR

LA PEUR DE L'AMOUR

La peur de l'amour est un signe de vitalité moindre.

Les faibles s'épouvantent : « L'amour est une affreuse maladie. Fasse le ciel que je n'en sois jamais atteint. Songez-y ! détruire un repos péniblement gagné ! bouleverser les aises qui me sont chères, la régularité méthodique de ma vie, mes arrangements minutieux, mes calmes digestions !... Une aventure ! Saurais-je y vivre ? Comment en sortirais-je ? » Et ils s'enfoncent dans leur médiocre quiétude. La seule image de l'amour les fait trembler.

Mais les forts l'appellent d'une voix haute. Cette crise terrible, nécessaire, magnifique, ils ne la redoutent pas. Ils savent que les âmes s'y trempent et qu'elles en sortent d'un meilleur métal. Vaut-il la peine de vivre si l'on ne connaît pas les joies et les douleurs extrêmes de l'amour? Ils aiment mieux en courir les risques graves que de végéter dans un égoïsme tranquille. Comme René, ils s'écrient passionnément devant la monotonie quotidienne de la vie : « Levez-vous vite, orages désirés ! »

L'amour-passion est infiniment rare. Il faut, pour y atteindre, une certaine qualité d'âme. Il ne peut se développer en des êtres pleins d'eux-mêmes et de vanité.

Mais il n'est personne qui ne se flatte de pouvoir l'éprouver. Un étalon, s'il parlait, di-

rait à la jument qu'il saillit : « Je vous aime
à la folie. »

La langue même prête à la confusion. On
dit (quand on peut) : « donner des preuves
répétées de son amour. » A prendre cette
expression à la lettre, quelle dépense diurne
et nocturne de sentiment en ce pays !

L'AMOUR PHYSIQUE

Stendhal le définit brèvement : « A la chasse,
une belle paysanne. » Et cette définition est
probablement une des plus fausses qu'on
doive à cet auteur exquis.

Je ne pense pas qu'au temps de Stendhal
on rencontrât plus qu'aujourd'hui de belles
et faciles paysannes à la chasse. De nos jours
ce gibier est devenu rare. La faute en est sans
doute aux braconniers.

Mais, pas plus au temps de Stendhal
qu'au nôtre, on n'a goûté, en courant un
lièvre, l'amour-physique dans sa beauté. Si,

par hasard, on rencontre une jeune et jolie
paysanne, on y trouvera peu de propreté, de
l'odeur, la maladresse la plus gauche. Vous
ne la déshabillerez pas en pleins champs, et
il faut être affamé pour prendre un véritable
plaisir à cet insuffisant contact.

L'amour physique, les professionnelles nous
le donnent avec le raffinement et l'art nécessaires, dans le décor le plus propre à l'amour,
qui est, non derrière une haie, parmi les vers
et les limaces, avec la peur du garde cham-
pêtre, mais, toutes portes closes, en chambre
chaude, entre draps fins.

Un grand nombre d'hommes ne connaissent
que l'amour physique et s'en satisfont.

LE DON JUANISME

A côté de l'amour physique et de l'amour
passion (faut-il dire que ces divisions tran-
chées ne sont que pour la commodité du discours et que, dans la réalité, on passe par
mille ponts de l'un à l'autre?) faisons une
place à un sentiment spécial qu'on appelle le
don juanisme.

Il y a deux positions fort différentes du don

juanisme. Elles ont été souvent confondues.

Le don juanisme peut être la recherche de l'absolu dans la passion. Don Juan veut la femme unique à laquelle il donnera l'absolu d'amour qu'il sent en lui. Il ne la trouve pas. Alors il va de femme en femme, jamais heureux, ou d'un si médiocre bonheur qu'il le rejette aussitôt. Et cette chasse passionnée, cette suite d'efforts aboutissant à de successives déceptions, l'espoir renaissant à chaque fois et chaque fois leurré, ont quelque chose de douloureux et de tragique. On ne songe plus à ses victimes, mais à don Juan lui-même qui serait ici le plus grand, le plus insatiable des amoureux.

Il est un autre don Juan. Celui-ci est tout dans le désir de conquérir, de jouer « au jeu dangereux » avec la femme et de gagner la partie.

Pour illustrer cette forme du don juanisme je cite les confidences que me fait R... Elles montrent que ce don juanisme ne constitue pas nécessairement, comme le précédent, un caractère permanent de l'individu, mais qu'il correspond peut-être à un âge de la vie.

« Pendant plusieurs années, me dit R...
dominait en moi le désir de la conquête. Je
voulais plaire et remporter des victoires ; les
plus difficiles étaient les plus belles. Ma première pensée, lorsque je voyais une femme
nouvelle, était, non pas : « Est-elle facile ? »
mais : « Je l'aurai. » J'étais à la fois fièvreux à
l'idée de la posséder et calme comme un cal-
culateur tandis que je combinais les attaques propres à la faire tomber rapidement
dans mes bras ! Avec chacune la défense et
l'attaque variaient. Suivant les jours et leur
humeur, je jouais l'indifférence avec la coquette ; j'étais tendre et léger avec la femme
grave, sérieux avec la frivole. De même qu'au
jeu des vingt questions, les véritables ama-
teurs s'interdisent de gagner par des moyens
trop faciles, je ne me permettais pas de bis-
cauter les cartes dont je me servais. Je ne voulais devoir ma victoire qu'à la science et non au
hasard. Suivant les circonstances, je ralen-
tissais l'allure jusqu'à me faire désirer ; d'autres fois, je poussais une pointe si hardie, si
inattendue, que la place succombait avant
même d'avoir aperçu le danger. Ailleurs,
je jouais une partie subtile, une guerre toute

en sous-entendus, d'attaques sournoises et de fausses retraites. Un mot jeté à temps peut avoir d'infinies répercussions, vibrer des mois et des mois dans une âme soudain inquiète.

Du reste, étant donnée la vitesse variable selon laquelle elles évoluaient, je pouvais sans peine mener plusieurs affaires de front et les pousser jusqu'à leur fin.

Je prenais à ce jeu un plaisir extrême. En est-il un plus beau, un plus émouvant au monde?... Avoir en face de soi une adversaire que l'on est prêt à aimer ! La combattre et la désirer à la fois ! Voilà une sensation rare... Quelle minute, celle où l'on dévêt pour la première fois une femme qui a opposé une longue résistance ! Elle vous a accablé de ses hautaines rigueurs, elle a cru vous échapper !... Maintenant vous la tenez ! Elle est là, nue devant vous, elle tremble, elle s'affolle ! Elle est à vous ! Prenez-la...

Mais lorsque je l'avais prise, elle ne m'intéressait plus. Je ne m'attachais pas. La lutte terminée, je m'en allais à d'autres conquêtes. Mon bonheur était dans la lutte et la victoire, non dans la possession.

Au sortir de l'adolescence, je vécus ainsi pendant une dizaine d'années.

Vers trente ans je compris que je pouvais demander et donner plus aux femmes, qu'il y avait beaucoup d'orgueil et peu d'amour dans la lutte que j'avais engagée contre elles. Un monde nouveau, celui du sentiment, me fut révélé. Je n'avais fait que l'entrevoir. Alors seulement je sus ce qu'était l'amour...

L'instinct don juanesque n'était pas tout à fait mort en moi ; il se réveillait parfois, mais pour de brèves périodes et je n'y trouvais, malgré un vif plaisir, que d'incomplètes satisfactions... »

Les débuts de l'amour, avant la première caresse, sont délicieux. Les heures passent dans une exaltation colorée et légère où la crainte d'échouer ne se mêle pas encore à la pensée du bonheur espéré. Il serait d'un suprême raffinement de ne voir alors que rarement celle que l'on commence à aimer. C'est le premier degré de l'amour ; il faut le prolonger; il est exquis. Peut-être faudrait-il ne pas le dépasser?

Mais persuaderez-vous à la rose en bouton de rester bouton? Elle grandit sous le ciel favorable, s'ouvre de plus en plus, jusqu'à ce qu'elle s'épanouisse enfin au grand soleil, au grand soleil meurtrier de midi.

Les commencements de l'amour sont troubles, incertains, et pareils à ceux des fleuves. Là où le fleuve prend sa naissance, il suffirait, semble-t-il, d'un léger barrage pour en changer le cours. A sa source il irait ici ou là, indifféremment. Mais une fois qu'il a trouvé sa pente, il n'est pas de puissance, divine ou humaine, capable de l'arrêter. Sûr de sa route, il s'en va, malgré mille détours, vers la mer qui l'appelle.

Ainsi en est-il de l'amour. Peut-être pourriez-vous, au moment qu'il naît, l'étouffer? Il est né, — il est trop tard. Il vous entraîne maintenant jusqu'à la mer, là-bas, jusqu'à la mer où tous les fleuves se perdent et meurent.

L'homme prudent dit : « Si vous voyez une femme qui vous plaît, fuyez avant que de la connaître. »

On pourrait aussi ne pas vivre.

On a vu des gens qui s'aimaient prendre leurs jambes à leur cou pour se fuir. Ils étaient affolés par la peur à ce point qu'ils n'ont pas su où ils couraient et se sont soudain trouvés essoufflés, à demi morts, dans les bras l'un de l'autre.

De mélancoliques rêveurs ont affirmé que l'amour, même heureux, ne donnait que déceptions. Ces gens ont tristement vécu et n'ont même pas su regarder autour d'eux.

Ils auraient vu qu'à la vérité l'amour s'égare souvent, ou s'ignore. Mais lorsque deux êtres s'aiment réellement et s'appartiennent, ils ne supportent pas l'idée d'être privés l'un de l'autre. Ils savent qu'ils ne trouveront pas ailleurs le bonheur qu'ils réalisent ensemble.

Il est important de noter, à ce sujet, que les drames passionnels éclatent le plus souvent après la possession. Croit-on que c'est un bien négligeable, un néant, une déception, ce pour quoi les hommes jouent leur existence, et qu'ils estiment plus précieux que l'honneur et que la vie ?

Et qu'on ne dise pas qu'ils risquent leur existence pour une chimère, pour un fantôme de leur imagination, non, c'est pour quelque chose qu'il connaissent et dont ils sentent encore l'aiguillon au profond de leur chair.

L'ÉPREUVE DE LA CHAIR

On aime une femme à en perdre le sommeil et l'appétit. Tant qu'on ne l'a pas possédée, on ne sait rien sur le bonheur ou la déception qu'elle vous apportera.

Vous l'adorez ; vous faites pour l'obtenir cent folies dommageables ; elle cède ; elle est à vous. Au sortir du lit, elle vous devient indifférente; vous vous êtes trompé; vous ne l'aimez plus.

Rien à l'avance ne peut vous renseigner.

Vos expériences antérieures sont sans utilité. A chaque fois vous vous trouvez devant l'inconnu. La science pourra faire mille progrès, elle établira que l'amour est ceci ou cela, qu'il y a au contact de certaines personnes dégagement d'*électrons* ou d'*ions*, ou de rayons *n*; on mettra en formules algébriques les lois de l'attraction sensuelle...; les savants n'en seront pas plus avancés que les autres, car, sur ce point qui est le tout de l'amour, seule l'épreuve de la chair décide.

C'est pourquoi beaucoup de femmes hésitent. Elles savent que les serments, les promesses d'avant le lit, sont paroles vaines, que rien ne les assure du lendemain, qu'il faut se donner d'abord et, sans être sûres d'être remboursées, payer de leur personne. Le risque est immense.

Heureusement les femmes ont-elles plus de courage que nous.

LA PHYSIQUE DE L'AMOUR

L'amour est un sentiment qui tend impérieusement à se traduire dans un acte. Lorsqu'ils ont réussi à amener la femme qu'ils aiment à l'acte, les naïfs croient que la partie est gagnée. Grave erreur, c'est alors seulement que la véritable bataille se livre, et ce qui précède n'est qu'escarmouche sans conséquence.

Le problème est celui-ci : amener sa maîtresse au bonheur au temps même où vous y atteignez. Cela est d'une grande difficulté, et n'obtient pas l'harmonie synchronique qui veut. Peu d'hommes savent pratiquer cet art difficile. Ceux qui en possèdent les secrets sont aimés des femmes. Les autres, ceux qu'elles méprisent, renvoient ou trompent, sont simplement — il n'y a pas à chercher ici d'explication métaphysique — des hommes maladroits au lit.

L'éducation de l'homme dans la physique de l'amour est mauvaise. Il débute à l'ordinaire par des professionnelles ; leur métier veut

qu'elles satisfassent l'homme sans qu'il ait à
se préoccuper du plaisir de sa compagne. Elles
sont aux yeux de l'homme un instrument dont
il tire des jouissances personnelles. L'égoïsme
de l'homme est prodigieusement développé
par le commerce avec les filles de joie. Voilà
de mauvaises habitudes prises.

Il se marie. La situation est changée. Il faut
trouver autre chose. Mais quoi ?... Son ignorance est grande. Et puis a-t-il le temps de
réfléchir? Il aime ; il veut sa femme ; il est
pressé et rude ; il la prend ! Quelles désillu-
sions pour cette vierge qui attendait qu'on lui
ouvrît délicatement la porte du paradis !

L'abord brutal de la vierge par le mari est
la raison suffisante du grand nombre de maris
non aimés et, par la suite, trompés.

Les débuts du mariage sont, le plus souvent,
horribles pour la femme et sans agrément
pour l'homme. Les tâtonnements de l'homme,
la pudeur blessée de la femme, son inexpérience, sa peur, rendent à ce moment l'amour
physique sans charme. Joignez à cela la nou-
veauté de la situation, la difficile adaptation
des caractères, le heurt de deux personnalités
si différentes, le manque d'habitudes commu-

nes, et l'on comprend que ce qu'on appelle — ironiquement, sans doute, — la lune de miel, soit une des périodes les moins heureuses de la vie.

La femme est d'autant plus déçue que la tradition, littéraire ou parlée, lui a dépeint ces premières semaines sous des couleurs enchanteresses. Du reste, elle se fait, aussitôt; complice de ces mensonges. Celle qui a le plus souffert à ce moment de sa vie se garde de l'avouer. Elle est honteuse d'avoir été seule, croit-elle, à éprouver une déception; elle se tait ou contribue par des récits trompeurs à augmenter les illusions dans lesquelles se plaisent ses sœurs ignorantes.

Pourquoi ne pas dire la vérité, simplement? Pourquoi ne pas montrer qu'entre l'homme maladroit ou brutal, ou l'un et l'autre, et la vierge ignorante, il est rare de voir naître le bonheur physique.

Un grand nombre de femmes de tempérament moyen ou médiocre passent des nuits, et parfois des années, sans éprouver de l'amour autre chose que du dégoût. Ce dégoût les amène bien vite à mépriser leur mari.

Les hommes qui ont eu des maîtresses non

professionnelles sont mieux préparés. Avec les femmes qu'ils aimaient, ils ont pris de précieuses leçons. Mais il est des maris à préjugés qui se refusent à traiter. leur femme comme ils traitaient leur maîtresse. Ils entendent respecter « la mère de leurs enfants » !

Quant au premier contact entre deux êtres vierges, peut-on en imaginer l'horreur et le ridicule ?

La physique de l'amour est un art difficile. Pour y passer maître, il faudrait à l'homme quelques connaissances anatomiques, de l'ingéniosité, du tact, de la force, et surtout de la patience. Savoir attendre ! Posséder et être possédé ! Voilà le grand secret ! Voilà ce qui fait les liaisons solides et durables. Cela, c'est la réalité suprême de l'amour ;

Et tout le reste est littérature.

CE QUI EST PERMIS

En amour, chacun a son idée sur ce qui est permis et sur ce qui ne l'est pas. La plupart des hommes mariés ne connaissent leur femme qu'en chemise !

Il est des pays entiers, l'Amérique du Nord, l'Angleterre, où une femme honnête se croirait déshonorée si son mari lui demandait de traverser nue la chambre à coucher. Mais c'est une idée qui ne viendra jamais à un mari anglo-saxon.

Pour d'autres, il y a les choses naturelles et celles qui ne le sont pas, les premières étant permises, les secondes défendues. Ils trouvent licite telle posture parce que naturelle ; ils proscrivent celle-ci comme antinaturelle. Ces gens sont d'une grande ignorance. Ils se font de la nature une idée étriquée et fausse. S'ils ouvraient quelques livres d'histoire naturelle, ils seraient terrifiés à voir ce que la nature a inventé dans la physique de l'amour et de combien elle dépasse les imaginations les plus folles de ce pauvre animal raisonnable qu'est l'homme

Ainsi à qui veut s'en tenir à la nature (et je ne vois pas à quoi d'autre nous pourrions nous raccrocher) tout est permis. Et chacun décidera librement selon ce qui lui plaît.

EN DEHORS DE LA NATURE

Rien n'est plus risible que la prétention que nous avons eue si longtemps (la plupart des hommes l'ont encore) d'être en dehors de la nature.

Nous imaginons que nos vertus sont d'origine extra-terrestre, qu'elles nous élèvent au-dessus de ce monde, qu'elles sont la marque de notre fabrication divine. « Dieu fit l'homme à son image. »

La pudeur, le dévouement, le courage, le sacrifice de soi, voilà, nous assure-t-on, les titres de gloire propres à l'homme. Ah! que l'on a écrit de belles et éloquentes pages sur ce sujet? Et l'on a créé les religions! Et l'on a dit mille folies!...

Et pourtant si nous voulions regarder chez nos frères les animaux! N'y trouverons-nous pas ces vertus exaltées encore? Quelle pudeur humaine égale celle de l'aveugle taupe qui fuit éperdument le mâle? Quelles sont les mères humaines qui donnent plus délibérément leur vie pour assurer celle de leurs enfants que les femelles de certaines espèces animales, que la louve, par exemple, lorsqu'elle s'efforce d'entraîner les chiens à sa suite pour sauver ses louveteaux? Et, pour en arriver à l'amour, où sont les hommes prêts à affronter à coup sûr une mort horrible pour la possession d'une femme? Où sont-ils ceux qui, comme le frelon, sont résolus à donner aussi leurs entrailles dans l'acte de l'amour?

Y a-t-il une mesure plus grande de prévision, de calcul désintéressé, de dévouement, de courage, de sacrifice absolu de soi pour les siens chez les hommes que chez les animaux?

L'AMOUR LIBRE

On voit des gens souhaiter un libre épanouissement de l'amour dans un monde nouveau où rien désormais ne gênerait plus sa croissance, n'arrêterait son élan.

Je ne sais trop ce que donnerait l'amour s'il avait à fonder une société. Mais nous pouvons déjà constater que l'amour facile ne va pas très loin, ne monte pas très haut.

Il est bon qu'il ait quelque chose à vaincre. Il ne grandit que dans des circonstances adverses; il n'éprouve sa force que contre des obstacles. C'est pourquoi les barrières si gênantes que lui oppose la société ne sont pas inutiles. Ces étroites et hautes notions d'honneur, de devoir, de vertu, d'amitié, de pudeur et de chasteté, ne cherchons pas à les diminuer. Exaltons-les, au contraire; augmentons-en la valeur. Elles se dressent contre l'amour; constamment elles l'humilient, l'anéantissent, l'écrasent. Tant mieux! L'amour qu'elles ont vaincu n'était pas digne de vivre. S'il ne peut triompher des idées reçues, des dogmes imposés, qu'il meure!

Il faut qu'il soit assez puissant pour renverser les obstacles qui se trouvent sur son chemin. Il n'est rien s'il n'est tout, s'il n'est au delà du bien et du mal. Sur les ruines, il sourit, fier de sa force éprouvée.

Mais qui ne voit alors que son sort ne serait pas aussi grand dans la liberté? Il ne peut exister dans la promiscuité, dans la vie trop facile, trop lâchée.

LA PUDEUR

Il y a la pudeur physique et la pudeur morale. Celle-ci, Stendhal l'a décrite excellemment; il n'y a pas à y revenir, nous ne parlerons donc que de l'autre.

Les sentiments de pudeur physique que nous avons conservés prouvent que nos actes sont encore régis par des causes qui ont cessé d'exister depuis plus de dix mille ans (et il y a des gens pour croire à la liberté!) Les animaux se cachent lorsqu'ils s'unissent parce qu'ils sont alors sans défense. Voilà une excellente raison. Nos ancêtres de l'époque préhistorique, lorsque l'homme faisait la chasse à l'homme, étaient obligés d'avoir, comme les animaux, de secrètes amours. Mais, depuis ces temps lointains, la lutte pour la vie ne s'exerce plus de la même manière. C'est à la Bourse, dans les usines, que l'on se bat pour vivre. Nous sommes en parfaite sûreté dans nos maisons.

Pourtant la pudeur, héritage de ces époques disparues, veut que nous nous cachions pour faire l'amour.

Le monde antique était arrivé à s'en débarrasser presque. Dans les fêtes égyptiennes, grecques et romaines, la pudeur telle que nous la concevons, avait à peu près disparu.

Le christianisme l'a fait revivre. Pour lui, la chair est l'ennemie. Il apprend à la mépriser. Elle est la pierre d'achoppement sur la route du ciel. De nouveau, des siècles passèrent. Nous avons secoué rudement les idées chrétiennes et nous nous en sommes défait. Mais la pudeur s'est cramponnée à nous et ne nous lâche pas.

Le nu reste scandaleux.

La pudeur a été exploitée adroitement par tous les malvenus, les déformés, les ratés de notre civilisation. Comme ils sentent bien ce qu'ils perdraient à exposer au grand jour leurs anatomies insuffisantes, leurs pieds plats et carrés, leurs genoux osseux, leurs cuisses maigres, piteuses et sans muscles, leurs ventres ballonnés, leurs poitrines rentrées, leurs épaules rondes, leurs dos voûtés, ils déclarent qu'il est contraire à la pudeur de se lais-

ser voir dans sa nudité. Et, même dans le lit,
ils gardent leur chemise.

Ne déshabillez jamais une femme qui se
refuse à se laisser voir nue. La pudeur est,
neuf fois sur dix, le juste sentiment d'une
insuffisance physique.

Entre gens beaux, jeunes, et dont les muscles sont assouplis par le sport, la pudeur est
une survivance inutile.

On a dit les mille variations de la pudeur
suivant les époques et les climats.

Un de mes amis qui revient du Japon me
raconte le fait suivant.

Naguère — hier — les Japonais se baignaient
ensemble, hommes et femmes, nus dans les
lacs aux bords desquels poussent les aman-
diers grêles. Et c'étaient des scènes charmantes que celles de ces mousmés aux cheveux d'encre, de ces petits hommes énergiques
au teint de safran, jouant innocemment dans

les eaux claires des lacs où des montagnes en
pain de sucre mirent leurs cônes neigeux. Le
bonheur de ces jours revit dans les estampes
japonaises pour l'éternelle joie de nos yeux.

Mais les Japonais imaginèrent de nous
emprunter nos canons, nos bateaux, nos in-
génieurs, notre droit civil, nos vêtements,
l'exercice à la prussienne, et nos idées mo-
rales. Nous leur enseignâmes la pudeur avec
le reste.

En Europe, les hommes et les femmes ne se
baignent ensemble que vêtus jusqu'au cou.
Mettre, au bain, les hommes à droite et les
femmes à gauche, naître à la pudeur, voilà
la vraie civilisation !... Oui, mais ne plus
s'amuser sur les bords de l'eau calme et moirée ! renoncer à ces jeux traditionnels et
charmants !

Les Japonais ont tout concilié. Dorénavant,
à la surface du lac, pour séparer les sexes,
on tend entre deux pieux... une ficelle.

J'aime l'offrande de cette ficelle mince, si
mince, à la déesse de la Pudeur.

II

NATURE ET SOCIÉTÉ

Il y a la nature. Il y a la société.

Entre ces deux puissances ennemies, nous sommes fort mal pris. La société a mis des siècles à assurer son pouvoir. Elle nous tient aujourd'hui attachés dans des cadres étroits. De toute part nous sommes gênés, par les lois d'abord, mais plus encore par les préjugés, par les coutumes, par ces lois non écrites qui sont plus pesantes à nos épaules que celles du code. Enserré dans leur mille liens, l'homme moderne étouffe.

Où retrouvera-t-il la liberté? où retrouvera-t-il la nature?

Cet être garrotté par la société, il se sent naître à nouveau lorsque l'amour s'empare de lui. Alors il s'affranchit; il atteint du coup au plus haut degré de son individualité. Il se débarrasse joyeusement des entraves qui l'ont gêné jusqu'alors. Les forces de la nature le secouent d'une ivresse dionysiaque; la vie universelle coule dans ses veines. Il entre en communion avec l'univers entier et l'associe à ses transports. Il est pareil à un dieu.

Mais cet affranchissement intérieur lui fait sentir plus douloureusement son esclavage. A ce moment il est déchiré entre la nature et la société qui se l'arrachent. Comme un héros, il entre en lutte avec les puissances du monde pour se frayer sa voie.

Et ce tragique conflit dans lequel est intéressé, non seulement l'individu, mais l'avenir de l'espèce, ne cessera pas d'être pour l'homme le spectacle le plus dramatique, le plus profondément humain.

Le héros remporte-t-il la victoire sur la société? Un autre drame commence. Il lui reste à apprendre maintenant quelles sont les ruses de la nature.

Il découvre que la nature ne nous a pas donné l'amour en don gracieux et désintéressé. Il croyait naïvement qu'elle travaillait pour lui. Grande erreur! la nature est égoïste. Elle ne se soucie pas de nous, mais d'elle seule. Si elle a entouré l'amour des voluptés les plus vives, c'est qu'elle y trouve son compte. L'amour qui est pour nous une fin n'est pour elle qu'un moyen. La volupté est l'appât qu'elle dispose pour nous attirer dans ses pièges. Elle fait rayonner devant nos yeux le mirage d'un bonheur surhumain attaché à la possession de la femme aimée. Cependant elle ne voit que ceci : qu'en la prenant, nous la féconderons.

Ce que nous mettons en plus dans l'amour lui est indifférent. Peu lui importe que nous possédions notre femme ou celle d'autrui, que nous la soumettions par force ou par ruse,

que nous la trompions ou que nous lui soyons
fidèle ; peu lui importent nos joies et nos larmes ; elle ne nous dit qu'une chose : « Faites
des enfants. »

Or, c'est précisément ce que nous ne voulons pas faire. Ici nous l'emportons dans notre
lutte avec la nature et déjouons ses ruses.
Intelligents et avertis, nous allons cueillir la
volupté sur les bords du piège, mais nous n'y
tombons pas.

Nous prenons le plaisir, sans plus. Nous
entendons jouir des avantages inestimables
que la nature a attachés à l'amour, mais nous
nous refusons à payer le prix qu'elle demande

Nous avons là notre revanche bien personnelle et établisons du coup notre supériorité
sur les animaux.

Les théologiens affirment que l'homme a
une âme et que les animaux n'en ont point.
Par là sommes-nous au-dessus de la nature,
disent-ils, dans une classe à part, sans com-
munication avec les espèces animales. Mais
on peut affirmer avec une probabilité plus

grande que la différence essentielle entre l'homme et les bêtes est dans ce petit fait que l'homme est capable, seul dans la création, d'arrêter à son gré les suites naturelles de l'amour. Les animaux n'aiment que pour se reproduire. Nous avons vaincu l'instinct et aimons pour le plaisir d'aimer. Voilà le propre de l'homme, voilà ce qui le met au sommet de l'échelle des êtres.

Cette supériorité, nous l'avons cultivée habilement jusqu'à exploiter à notre profit, de la façon la plus égoïste, l'acte que la nature voulait le plus désintéressé.

LE JEU NOBLE

Mæterlinck a décrit le vol nuptial de la reine des abeilles et du frelon qui la suit au plus haut des airs.

Il y a là une image exacte de la façon dont la nature opère pour améliorer l'espèce. Partout elle établit entre les mâles une rivalité. Le mieux doué l'emporte dans ce sport le plus nécessaire, le plus glorieux de tous.

Nous seuls avons perverti pour des arrangements sociaux les finalités naturelles. Dans l'espèce humaine des facteurs nouveaux interviennent et ce n'est pas toujours le meilleur individu qui a la victoire.

Pourtant, même dans l'arbitraire que nous créons, parmi les fins égoïstes que la société poursuit, la nature trouve moyen de reprendre quelques-uns de ses droits, et les physiologistes nous apprennent qu'il s'engage entre les centaines de spermatozoïdes déposés à l'ouverture de la matrice, une lutte émouvante, un passionnant concours de vitesse dont le but est l'ovule unique à féconder. Les spermatozoïdes se hâtent et ondulent à la manière des poissons. Celui qui est le plus vite arrive le premier à l'ovule, se fiche victorieusement en lui, le féconde. Lui seul, parce qu'il est le plus fort, triomphe et se perpétue. Les autres meurent, inutiles, après une course vaine.

Ainsi, grâce à la nature, y a-t-il un jeu noble, quelques instants de sport, à l'origine du plus disgrâcié d'entre nous. Il peut se dire que, quelle que soit sa faiblesse, la nature a fait pour lui ce qu'elle a pu, qu'elle a, même sur un mauvais terrain, institué un concours, une lutte, et assuré le succès du germe le plus vigoureux entre tant de germes médiocres. Il a donc la maigre consolation de penser, qu'étant données les circonstances adverses, il est le meilleur produit que la nature pouvait amener à la vie.

Comme on voit, la nature a fait beaucoup pour nous.

Remercions-la encore de ce qu'elle nous ait laissé l'illusion tenace de notre liberté, grâce à quoi nous imaginons que nous avons voulu nos fautes, qu'elles nous appartiennent en propre, que nous aurions pu ne pas les commettre. Ainsi pouvons-nous caresser à loisir et chérir longuement les remords, les remords nécessaires, bienfaisants, purgatifs.

On ne dira jamais assez combien l'idée (fausse) que nous nous faisons de notre liberté apporte d'agrément dans le jeu des passions.

Et puisque nous en sommes aux actions de grâce, soyons reconnaissants à l'homme de ce qu'il a fait de l'amour. La nature nous l'a livré brut, acte physiologique et purement animal. Notre ancêtre pithécanthrope était d'une sensibilité médiocre, vite échauffée, tôt satisfaite. Comme nous l'avons cultivée, cette sensibilité grossière! Comme nous l'avons nourrie et développée! Nous l'avons amenée à une richesse, à une complexité si grande que finalement la civilisation, l'art, la pensée, tout est sorti de là et que les conquêtes les plus précieuses sont attachées à l'amour tel que l'homme sociable l'a créé.

Y a-t-il une liberté intellectuelle véritable là où il n'y a pas une liberté réelle de l'amour?

Le puritanisme est la plus effroyable des prisons. On y devient, du reste, imbécile.

LA SOCIÉTÉ

Quels sont les rapports de la société, constituée comme elle l'est aujourd'hui, avec l'amour?

C'est simple. Elle emploie, vis-à-vis de l'amour, ses gendarmes. Elle oublie ce qu'elle lui doit, et l'on voit la morale et la religion liguées contre cette chose simple, naturelle, excellente : le rapprochement normal de deux êtres de sexe différent.

On ne comprend pas que la société et les gendarmes interviennent pour empêcher un acte sans lequel il n'y aurait plus ni société, ni gendarmes.

Imagine-t-on ce que serait la société si l'amour en était banni, la sécheresse affreuse des cœurs, le triomphe d'une vaine idéologie, les calculs les plus bas affichés sans pudeur, la vanité régnant sans partage, l'intérêt maître du monde?

Ce qui rattache, malgré tout, à l'humanité, tant d'êtres desséchés, c'est qu'ils ont été capables de suivre, ne fût-ce qu'un instant, un sentiment plutôt qu'un intérêt. Ils ont risqué quelque chose, ces êtres si prudents, ils ont eu un instant de courage, ces gens qui tremblent continuellement. Pendant une minute, ils ont été des hommes.

On peut concevoir une société où l'argent serait sans utilité. Le jour où l'amour cessera d'avoir une prise forte sur les hommes sera celui de la fin du monde.

La société a raison de traiter l'amour en ennemi, car il franchit d'un pied libre les petites barrières qu'elle a élevées avec tant de soin entre les gens, et ne respecte pas même la chose qui lui est la plus sacrée : l'argent.

La société dit : « Les hommes aiment où ils veulent, mais il est préférable que les femmes aiment dans leur monde. »

On aime où l'on peut.

A la suite d'un malentendu vieux comme le monde, l'amour avait gardé un pied dans le mariage. La société travaille à l'en expulser. Pour y réussir, elle a inventé la dot.

Elle dit :

Le mariage doit être fondé sur le roc d'une affection durable. On ne doit mettre en commun que des intérêts permanents, des avantages sociaux de même nature. L'amour construit sur le sable. Il emploie n'importe quels matériaux. Il prend un malin plaisir à rapprocher ce qui, socialement, doit rester dans des castes opposées. Et puis il ne dure guère.

« J'aime aujourd'hui, je n'aimais pas hier, aimerai-je demain ? » Il est violent, transitoire et brouille-tout. Il n'en faut pas.

Elle a presque réussi.

Dans une certaine bourgeoisie et dans le monde, la plupart des unions légitimes se font de nos jours à coups de marchandages et de concessions. Il faut que les pères et grands-pères s'agréent, que les mères se tolèrent, que les professions s'harmonisent (chez les notaires, on ne se marie qu'entre notaires !) que la religion, la fortune, les espérances, le rang soient égaux. Que d'histoires ! On consulte aussi, pour la forme, le goût des fiancés, un goût convenable et ganté. Inspection rapide. Lui avec un soupir : « Il faut se faire une raison ! ». — Elle : « Il est plutôt bien... et puis je dois me marier. »

On ne peut dire que la société ait tort. Cette vieille dame a vu les drames de l'amour;

elle en connaît les dangereuses folies. Elle ne veut plus s'attacher qu'aux avantages réels, à ce qui dure et survit à l'individu. Les seuls biens qu'elle connaisse et qui puissent figurer au contrat sont les biens de fortune.

Mais l'amour a ses revanches. Aussi la société gémit-elle continuellement : « Que de scandales ! »

Pourtant ils sont le sel de la terre.

Si la société poussait ses principes jusqu'au bout, ce qu'à Dieu ne plaise, on verrait ceci :

Pour l'agrément de ses jours et, si possible, le charme de ses nuits, on choisirait une personne de goûts et de sexe complémentaires. Mais on insérerait au contrat la clause suivante: « Il est interdit aux époux d'assurer entre eux le développement de l'espèce. »

Car il y a l'espèce.

Le mariage ayant pour but d'assurer le

bien-être des époux, reste la question des enfants. La société a besoin, elle aussi, d'avoir les meilleurs individus. Elle pratique pour les animaux domestiques une intelligente sélection et sait parfaitement que s'il y avait de l'argent, des contrats, des dots chez les chevaux, il n'y aurait plus de bons chevaux.

Voyez les résultats du mariage sans amour : produits médiocres, corps mous, grandes oreilles, âmes plates.

Comment les espèces animales sont-elles sauvées de la décadence ? Pour la possession de la femelle la plus belle luttent les mâles. Il faut qu'ils la conquièrent. Le plus vigoureux, le plus adroit, l'emporte. Il prend alors la femelle tremblante de désir et de peur, et la féconde.

Oui ou non, sommes-nous des animaux ?

— Mais j'ai une âme immortelle, soupire plaintivement madame Dubois.

— Est-ce avec votre âme, chère madame, que vous faites vos enfants ?

Dans une société qui serait assez forte pour imposer le seul mariage d'intérêt on verrait grandir soudain le rôle de l'amant.

La société l'accepterait. Elle comprendrait que pour avoir les meilleurs produits, il n'y a qu'à laisser faire l'amour qui ne se trompe guère et qui, en tout cas, agit toujours d'une façon désintéressée pour le bien de l'espèce. Et ne lui reprochons pas la médiocrité des résultats qu'il obtient trop souvent, mais voyons plutôt, comme je l'ai déjà dit, les éléments avariés que nous lui livrons.

Ainsi, puisqu'on interdira aux époux d'assurer entre eux le développement de l'espèce, ce sera donc l'amant, celui qui est beau et rafraîchissant comme un orage après une lourde journée de chaleur, qui fera les enfants.

Il deviendra un membre nécessaire de la société.

Il sera le Messie attendu dans chaque ménage.

Il aura la fierté de son rôle et ne se cachera plus dans les armoires, marchera auréolé d'admiration et de reconnaissance. Aucun homme ne rendra plus de service à la communauté que ce passant prestigieux.

La femme ne se laissera guider dans le choix de son amant que par l'instinct profond et mystérieux de l'espèce. Aucun bas motif d'intérêt ne l'influencera. Elle ne cédera qu'à la voix impérieuse de l'amour.

Il est possible qu'elle n'aime jamais.

Alors il n'y a pas d'intérêt à ce qu'elle se reproduise.

— Mais c'est abominable! mais il n'y aura plus de société! s'écrie monsieur Chaque.

— Il y aura une autre société, cher monsieur Chaque. Il serait malheureux, avouez-le, que, de toutes, notre société fût la seule possible. Du reste, ne vous alarmez pas. La société a toujours déclaré moral ce qui lui était utile. Elle crée le bien et le mal suivant son intérêt. Du jour où elle aura avantage au nouvel arrangement qui aujourd'hui vous scandalise, vous et vos descendants, le vénérerez à genoux, cher monsieur Chaque, comme un dogme révélé par la divinité elle-même.

III

LES HOMMES

L homme à femmes laisse son cœur à la maison quand il part en guerre. Ce n'est pas avec le cœur que l'on gagne des batailles.

Une fois qu'il a vaincu, il disparaît. Les femmes, alors, le maudissent d'être né. Pourtant elles regrettent, non pas qu'il soit venu, mais qu'il soit parti.

Pourquoi l'homme met-il de la vanité dans le nombre des femmes qu'il a eues?

La moindre fille des fortifications a une liste plus longue que celle de don Juan.

La fatuité des hommes est faite de la sottise des femmes.

La coquette vaut le fat.
Renvoyons-les dos à dos pour qu'ils ne perpétuent pas leur méprisable espèce.

Aimer, c'est difficile. — Être aimé, c'est fatigant.

La femme exige les assurances positives et préalables d'un bonheur éternel. Elle en veut à l'homme averti et loyal qui formule une réserve. Elle préfère être trompée. — Soit!

LES HOMMES ET L'ARGENT

Recevoir des cadeaux, de l'argent même, est permis aux femmes. Mais l'homme est blâmé, qui, aimé des femmes, se sert d'elles pour améliorer sa fortune.

La femme n'aurait-elle donc pas de plaisir en amour? Ne serait-il pour elle qu'une besogne rémunératrice?

Alors qu'on voit l'humanité entière courir d'une allure effrénée à la chasse au plaisir, pourquoi ne recevrait-il pas son salaire, celui qui donne le bonheur?

Les jugements du monde sont sans nuances. On n'a qu'un nom pour celui qui vit du labeur des petites ouvrières d'amour et pour celui qui travaille, comme il a été dit, à la sueur de son front.

Il y a beaucoup de mépris pour la femme dans l'opinion du monde qui veut que la bourse d'une femme soit plus sacrée que son cœur et que sa chair.

« Je te donne mon âme, mon cœur, mon corps, ce qu'il y a d'ineffable et de secret en moi, mais ne touche pas à mon porte-monnaie ou je crie : « Au voleur ! »

Pourquoi l'argent qui se mêle à tout ne serait-il pas mêlé à l'amour?

Qu'avons-nous fait de l'amour? Une petite chose bien arrangée, rapetissée, polie, mise à sa place, qui ne doit pas grandir et sortir des limites tracées par les convenances.

On comprend qu'une femme se refuse à

choisir un amant par intérêt. Mais une fois qu'elle a cédé à l'amour et qu'elle a tant fait que de se donner, tout ne devient-il pas commun entre elle et lui?

On trouve chez beaucoup de femmes, délicates à l'extrême en matière de sentiment, l'idée qu'il serait délicieux de venir en aide à leur amant. Rendre un service réel à celui qu'on adore, savoir qu'il tient de vos mains le nécessaire et le superflu, son plaisir et son luxe, qu'il n'est pas un objet qu'il touche qui ne vienne de vous, mais c'est la joie suprême.

Les hommes de ce temps ne l'entendent pas ainsi. Ils se croiraient déshonorés aux yeux de leur maîtresse, ils se sentiraient diminués eux-mêmes, comme s'ils avaient fait quelque chose de bas et de honteux en acceptant de l'argent de celle pour qui ils jurent qu'ils donneraient leur vie.

Cela est pitoyable. Mais il n'en a pas toujours été ainsi, comme on sait. Adrienne Lecouvreur vendait ses diamants pour Maurice de Saxe.

Que faut-il accuser? La médiocrité des âmes contemporaines? Ou bien serait-ce que nous ajoutons peut-être l'hypocrisie à nos défauts? Il y a un beau mot de La Bruyère que je voudrais voir appliquer aux relations entre amants : « Celui-là peut prendre qui sent un plaisir aussi délicat à recevoir que son ami en sent à lui donner. »

La société contemporaine a son opinion faite. Mais elle ne va pas jusqu'au bout de son idée et l'horreur qu'elle manifeste pour l'argent qui va des femmes aux hommes s'arrête au contrat de mariage. Sous cette forme, un homme est autorisé à recevoir des millions; il n'a qu'à prendre l'État et l'Église à témoins de ce marché. Tout devient pur, licite, moral, excellent, et c'est ce que le monde appelle : un beau mariage.

Les choses sont à ce point qu'on a vu de nos jours un jeune homme libre, dans un cercle où les règles de société sont lâches, épouser la jolie maîtresse, avec laquelle il vivait depuis plusieurs années, au jour où, par un coup du hasard, elle devint riche de pauvre qu'elle était. S'il ne l'avait fait, voyez le qualificatif qu'on ajoutait à son nom. Mais le maire arrangea cela.

Et puis, disons-le, les femmes ne font rien pour atténuer les difficultés que soulève la question d'argent entre elles et les hommes.

Ces créatures sentimentales n'imaginent pas qu'un homme qu'elles aiment soit tourmenté et malheureux à côté d'elles pour de vulgaires soucis d'ordre matériel. Elles ne pensent pas qu'avant d'aimer, il faut vivre.

Et si elles ont de la pénétration, elles manquent d'ingéniosité; elles ne savent pas donner; elles se mettent maladroitement en scène; tout de suite, elles imaginent des attitudes. Elles ne diront rien, oh! non, elles serreront leur ami dans leurs bras et d'une main hésitante lui glisseront l'enveloppe libératrice. Ou bien elles l'oublieront sur son bureau. — Mais c'est inadmissible, chère Madame; vous savez bien que l'homme n'acceptera pas d'être humilié devant vous. Voulez-vous simplement lui fournir l'occasion d'un beau geste de refus?

Non, si vous voulez vraiment l'aider à franchir la barre et l'amener au port, envoyez-

lui un simple chèque de banque sur banque
où votre nom ne figure pas... Alors, quand
vous le revoyez, la belle scène ! Il est inquiet,
nerveux ; il vous interroge par sous-entendus ; il ne se livre pas. Mais vous feignez de
ne rien comprendre ; vous êtes à mille lieues
de soupçonner ce qu'il veut faire entendre...
Il n'ose pas s'engager ; les regards même sont
évités entre vous parce que trop directs... Il
s'arrête enfin ; il a, vous le sentez, l'intime
conviction qu'il vous doit le salut. Il a deviné
vos sentiments, tous vos sentiments, et votre
délicatesse ; il sait le bonheur que vous avez
à lui venir en aide, mais il sait aussi que
ni lui, ni vous, si renseignés tous deux, ne
parlerez jamais de ce qui s'est passé. Il y a
des choses trop précieuses pour qu'on les
dise ; les mots les gâteraient ; on les garde en-
fermées au fond de son âme, à jamais.

Est-ce payer trop cher d'émouvantes minutes ?

Un de mes amis, sans fortune et qui a été
Aimé, me dit : « Pourquoi les amants hésitent-

ils à mettre en commun une chose aussi
méprisable que l'argent ? Sans doute parce
qu'ils sont de médiocres amants, qu'ils ont
peu de confiance l'un dans l'autre, et qu'ils
ne croient pas à la durée de leur liaison. Au
temps où j'étais ruiné, j'avais une maîtresse.
Je l'aimais ou je croyais l'aimer. Pourtant je
lui cachais avec soin l'état de mes affaires.
et j'évitais tout ce qui pouvait y faire allusion.
Elle était fort riche et je ne doute pas qu'elle
n'eût été heureuse de venir à mon secours si
elle avait su où j'en étais. Mais comment admettre l'idée de parler argent avec elle?
Comment imaginer que je pourrais recevoir
de ses mains une liasse de billets bleus?

« J'ai souvent pensé à mes sentiments et à
ma conduite à cette époque et suis arrivé à la
conclusion que je n'aimais pas ma maîtresse
autant que je le croyais alors, qu'à un degré
d'amour de plus je ne lui aurais rien caché,
qu'il y aurait eu entre nous la plus entière
franchise, une union complète, que je n'aurais fait aucune différence entre sa bourse et
la mienne.

« Ainsi je soutiendrai volontiers que recevoir
de l'argent de sa maîtresse est la dernière et

suprême preuve d'amour qu'un homme délicat puisse lui donner. »

Les réflexions qui précèdent risquent de
scandaliser fort. Il faut être bien sûr de son
amour, et de soi, et de celle qu'on aime, pour
laisser l'argent intervenir dans l'affaire. Il faut
croire que nos contemporains ne s'inspirent
pas ce sentiment d'absolue sécurité puisque
l'argent est repoussé avec horreur des liaisons
sentimentales. Je ne sais si la constatation de
ce fait prouve en faveur des mœurs de notre
temps comme quelques naïfs paraissent le
croire. Il témoigne de la défiance où nous
sommes les uns des autres, il montre que
lorsque nous commençons une liaison nous
pensons déjà à comment en sortir et à ne pas
livrer des armes dont on pourra se.servir
contre nous; la paix entre nous, même en
amour, n'est qu'une paix armée...

Un homme riche trouve des femmes prêtes
à se vendre. Il finit par s'imaginer que toutes

sont à acheter, que leur vertu n'est qu'une question de prix. Lorsque cet homme s'éprend d'une femme, il lui fait la cour de la seule façon qu'il connaît. Froissée d'être confondue avec celles qu'on paie, elle renvoie le maladroit. Il se console en pensant que, s'il avait offert davantage, il aurait réussi.

Nombre d'hommes riches ignorent ainsi à jamais ce que peut être l'amour d'une femme désintéressée. L'argent les a gâtés. J'en ai connu un, étranger, il est vrai, qui ne prenait même pas la peine de faire la cour aux femmes qu'il désirait. Il leur envoyait une entremetteuse ! Cet homme naïf et grossier s'imaginait connaître les femmes. Il prenait des airs supérieurs. Il était « celui à qui on ne la fait pas » !

Disons-le-lui tout de suite : avec l'argent on achète tout, le luxe, une situation dans le monde, la considération même, sauf précisément l'amour.

Je déjeune quelquefois à la table où se réunissent, dans un grand restaurant, quelques hommes d'affaires, fort riches. Ils ont entre

quarante et cinquante ans, et ils aiment les
femmes. A eux cinq ou six, ils connaissent
toutes celles, du monde ou non, que l'on peut
avoir pour de l'argent. Ils en parlent librement,
sans hypocrisie. Ils savent qu'on prend
Mme S... à l'heure, pour cinquante louis dans
telle discrète maison du quartier de la Madeleine; qu'avec Mme de Z... il faut s'attarder
aux préliminaires et feindre le sentiment,
mais qu'elle a toujours une grosse note im-
payée chez sa couturière; que Mme R... est
plus folle de plaisir que d'argent. Il n'arrive
pas une femme sur le marché de Paris qu'ils
ne l'essaient aussitôt. Ils la classent, suivant sa beauté, le grain de la peau, sa fraîcheur, la qualité des seins, à quoi s'ajoute ce
qu'on appelle ailleurs « la cote d'amour ».
Ils sont renseignés minutieusement sur les
femmes du monde faciles, si nombreuses à
Paris; ils savent les hauts et les bas de leur
fortune, que, s'il y a une panique à la Bourse
de New-York, on peut s'offrir à bon compte
Mme D... qui a la plus jolie peau de Paris;
que lorsque les paysans russes ne payent pas
leurs fermages, la belle Mme M.. comprend
merveilleusement le langage des chiffres. Ils

savent à cinquante louis près ce qu'une aventure leur coûtera et le moment opportun où la tenter.

A la façon dont ils en parlent, la femme est pour ces hommes quelque chose d'intermédiaire entre un cheval de race et une valeur de Bourse. Ils la détaillent, la critiquent et la louent comme ils feraient d'un pur sang ; ils l'estiment avec la même précision que les valeurs à la cote et en savent le cours variable aussi exactement que celui du Rio-Tinto ou de la De Beers.

Admirons les hommes riches qui ont gardé de la délicatesse et plaignons-les, car il leur reste, au fond de l'âme, la pensée secrète (fruit de tant d'expériences !) qu'ils ne sont pas aimés pour eux-mêmes.

Un homme sans fortune, sans influence, aime-t-il, est-il aimé ? Les dieux eux-mêmes envient son bonheur !

LES HOMMES INTELLIGENTS
ET LES FEMMES BELLES

Une femme belle attire-t-elle les hommages d'un homme intelligent, les femmes moins belles s'étonnent et disent : « Comment peut-il se plaire avec une sotte? »

Les femmes intellectuelles comprennent mal ce que recherche l'homme. Elles s'adressent à son intelligence, mais ce n'est pas son esprit qui est à conquérir. Elles peuvent l'intéresser, elles ne le charment pas.

L'homme désire très rarement engager un commerce d'idées abstraites avec la femme. C'est autre chose qu'il lui demande. Il veut trouver une sensibilité neuve et vibrante, se rapprocher de la nature dont les spéculations de l'esprit l'ont éloigné! Et plus il est d'intellectualité développée, de haute culture, raffinée et livresque, plus aussi il goûte le charme profond, unique, incomparable de l'instinct, les ressources d'une sensibilité aussi riche que la sienne, et différente, — et plus aussi, ce qui est appris, factice, pas sincère chez la femme lui est odieux.

Il sait que rien n'est plus affreux que la prétention intellectuelle, que la soi-disant culture dont tant de personnes pédantes se vantent : il ne se laisse pas tromper par ce vernis si mince, si glacé des idées qui recouvre, neuf fois sur dix, le désordre et l'ignorance la plus absolue.

Il est évident qu'il y a des femmes belles et sottes. Hélas ! nous en connaissons qui sont, à dire vrai, inabordables ! Mais les femmes à sensibilité vive sont-elles prêtes à admettre qu'elles sont laides parce que sensibles ?

L'intelligence, c'est l'apport de l'homme. Non pas qu'il se décide et qu'il agisse en ces matières suivant des motifs intellectuels. La source de nos actions n'est pas dans l'intelligence. C'est dans la sensibilité qu'il faut la chercher. Mais l'intelligence donne une vue des choses. Elle offre un spectacle, et rien de plus, un spectacle logiquement orné et bellement arrangé ; c'est la joie de trouver un sens et d'imposer une explication cohérente et claire à ce qui n'est peut-être, en réalité, que désordre et chaos obscur.

Mais il est une intelligence que la femme possède à un point plus aigu que nous; ce n'est pas une intelligence de luxe, inutile, contemplative, de haute compréhension des lois générales et des rapports abstraits. C'est une intelligence toute pratique de la vie, des rapports réels d'elle aux autres êtres et aux choses; c'est la compréhension la plus rapide la plus lumineuse de ce qui lui est utile et de ce qui lui est mauvais, de ce qu'il faut prendre et ce qu'il faut rejeter...

INSTINCT ET INTELLIGENCE

Essayons de montrer clairement l'utilité de l'instinct et la futilité de l'intelligence dans les choses de l'amour.

Voit-on les femmes les plus intelligentes être les plus heureuses en amour, même si elles ont pour elles, en plus de l'intelligence, la beauté? Elles ont de la culture, elles lisent, elles expliquent, elles raisonnent à ravir de ceci et de cela ; elles arrangent à merveille leurs intérêts, leurs snobismes, leurs relations ; elles parlent de toutes choses avec un vocabulaire suffisant, et surtout de l'amour sur lequel elles pensent tout savoir et mieux que personne ; elles le jugent et commentent avec des mots choisis et élégants. Mais lorsqu'elles passent à l'action, comme on est étonné de les trouver maladroites, et gauches, et gênées ! Leur attitude alors a quelque chose de faux, de contraint ; ce qu'elles font, elles le font mal, sans spontanéité, par calcul et réflexion ; il y a toujours en elles du trop ou du trop peu.

Elles sont pareilles à un historien de la musique très intelligent et instruit ; il disserte fort bien de son art, de son essence, de son passé, de son avenir. Mais hélas ! ce musicographe joue du violon et, si cultivé qu'il soit, il n'a pas d'oreille. Alors, quand il s'agit de jouer un mi, il dit : « Le mi est entre le ré et le fa, par conséquent je dois mettre mon doigt sur la corde à cette place qui est précisément entre le ré et le fa. » Mais ce violoniste-là ne joue jamais un mi juste, car il n'entend pas, et, puisqu'il n'a pas d'oreille, tous les raison-

nements du monde ne lui servent à rien,
tandis qu'on voit tel enfant ignorant, mais
musicalement doué, être sensible au plus petit
écart en dehors du ton.

De même en arrive-t-il aux femmes intelligentes, mais sans instinct, qui se fient à
leur intelligence pour les choses de l'amour.
Elles se croient supérieures aux autres. N'ont-
elles pas ce que bien peu possèdent? Mais
l'intelligence leur est ici un guide fallacieux,
car il s'agit, non de raisonner avec éloquence
ou spirituellement sur l'amour, mais d'écou-
ter la voix impérieuse et sûre de l'instinct.
Si vous n'avez pas d'oreille, comment l'en-
tendrez-vous?

La plupart des femmes, au contraire, ne
sont pas faites pour les hautes spéculations.
Beaucoup d'entre elles manquent de trait
dans la conversation, ne vivent pas dans un
commerce quotidien avec les idées, se préoc-
cupent peu de lectures intellectuelles, — mais
elles déploient une sublime ingéniosité dans
leur vie amoureuse. Elles prennent sans
compter dans les trésors inépuisables de
l'instinct. Elles y trouvent des richesses dont
les femmes qui ne sont qu'intelligentes ne

peuvent même soupçonner l'existence. Elles aiment, elles se font aimer, elles savent garder l'homme qu'elles aiment. Elles disent ce qu'il faut dire, taisent le reste, devinent les sentiments secrets de l'homme, préviennent ses désirs, savent jusqu'où elles peuvent aller, la limite qu'il ne faut pas dépasser. Avec quelle sûreté elles agissent dans cette tâche, la plus difficile, la plus importante de toutes !

A quoi leur servirait ici l'intelligence? Qu'est-ce que l'intelligence la plus claire peut révéler en ces matières à une femme qui n'a pas l'instinct? Qu'est-ce qu'une incertaine expérience individuelle si on la compare aux millions et aux millions d'expériences utiles que les femmes ont enregistrées au cours des siècles, et que l'instinct conserve pour le bénéfice de leur sexe? L'instinct seul garde la clef de ces inestimables trésors.

C'est ici qu'apparaît la vanité de l'intelligence dont quelques femmes s'enorgueillissent. Si peu qu'elles sentent, elles savent tout de même obscurément que le seul bonheur digne de la femme est dans l'amour ; c'est là que se décide le drame de leur vie. Et pour jouer cette partie suprême, elles n'ont que l'intelligence, — un néant!

Est-il nécessaire d'ajouter qu'il y a des femmes intelligentes qui ont gardé l'instinct? Ces femmes-là ne se trompent pas et, en amour, n'écoutent que l'instinct. Elles ne tombent pas dans l'erreur grossière qui consiste à vouloir employer l'intelligence à créer du bonheur.

DE LA SINCÉRITÉ ENVERS SOI-MÊME ET ENVERS LA FEMME

Il faut être sincère avec soi-même, s'efforcer d'être clairvoyant, chiffrer exactement le degré de sa passion, ne pas prendre pour un grand amour ce qui n'est que béguin, accorder aux aventures juste l'importance qu'elles ont. Trop de gens cherchent à se duper eux-mêmes. Qu'y gagnent-ils? Des déceptions, un choc brutal dans le retour à la réalité.

Et de même faut-il s'efforcer d'être sincère avec la femme.

— Vous me dites tout cela, répond la femme, mais au fond vous n'en pensez rien.

Vous me faites la cour, cela excuse tout à vos yeux et même ce dangereux appel à la sincérité. Ce sont des mots habilement arrangés et qui produisent un bon effet, j'en conviens. Mais pourquoi vous croirais-je ?

— Et pourquoi ne serais-je pas sincère ? Croyez-vous donc être seule à courir une chance hasardeuse dans l'aventure que je vous propose ? Ce que je mets au jeu mérite d'être pris en considération. Au point de vue du monde, vous risquez plus que moi, il est vrai. Mais de ces dangers-là, il est facile de se garantir et ce n'est pas de sécurité extérieure qu'il s'agit. En fait, vous jouez votre bonheur comme je joue le mien. C'est ce que nous avons l'un et l'autre de plus précieux. Ici nous sommes à partie égale. Pourquoi vous tromperais-je ? Pourquoi vous assurerais-je de mon amour, si je ne vous aimais pas ? Nous ne sommes pas dans une île déserte. Il y a d'autres femmes que vous dans cette ville. J'ai eu d'autres maîtresses. Pourquoi les aurais-je quittées si je ne croyais pas vous aimer ? Demain quand vous entrerez chez moi, si je ne sens pas en mon cœur l'émotion que donne seul l'amour, si je

vous regarde sans frémir, si je pense à vous
sans tendresse quand vous serez partie, n'est-
ce pas moi qui serai le mauvais marchand
de cette affaire ? J'aurai bouleversé une vie
ordonnée, agréable. Et pourquoi ? Pour mettre
une femme de plus sur ma liste ! Les femmes
que l'on n'aime pas ne comptent guère et
faites-moi l'honneur de croire que je ne suis
pas de ceux qui ne cherchent en amour que de
vaines satisfactions d'amour-propre. Compre-
nez donc que mon intérêt est de voir clair
en moi et d'être sincère avec vous.

DEUX ÉMOTIONS

On ressent une émotion délicieuse lorsqu'on
s'aperçoit soudain que l'on est sur le point
d'aimer.

Les hommes qui ont eu le plus de succès n'en
sont pas exempts. Un trouble qu'ils connaissent bien s'empare d'eux ; ils ne font rien
pour le vaincre. Ils savourent la joie inaccoutumée d'être gênés en face de la femme qu'ils
aiment ; ils gardent le silence ou ils parlent
trop, et sont conscients de cette nervosité

qui n'est pas sans analogie avec celle que l'on
ressent au moment de partir pour un grand
voyage. Ce trouble même les renseigne sur
leurs sentiments ; ils l'attendent avec impatience, ils saluent sa venue avec joie.

Une autre émotion précieuse est celle que
l'on éprouve à rencontrer au bal sa maîtresse
le soir même du jour où elle s'est enfin donnée à vous. Et lorsque vous êtes le premier
amant, l'émotion est d'une qualité plus
rare.

Elle est là, dans un salon, sous la lumière
adoucie des lustres. Des indifférents s'em-
pressent autour d'elle. Vous la regardez et vos
regards se heurtent à la robe. — Il est inouï
de constater à ce moment combien une robe
cache un corps de femme ! Une femme décolletée offre sa tête et ses épaules ; puis soudain,
voici de l'étoffe impénétrable ; il semble que
la chair s'arrête à la ligne que la robe trace
sur la poitrine ; la robe paraît être née avec la
femme, faire partie d'elle, avoir poussé jus-

que là; on ne pourrait enlever la robe sans
écorcher la femme!

Vous regardez donc votre maîtresse décolletée. Auriez-vous imaginé qu'elle fût aussi
peu changée d'elle-même? Elle est pareille
à ce qu'elle était hier et chaque jour. Elle
parle de ceci, de cela, comme si rien n'était
survenu dans sa vie, comme si, il y a quelques heures, elle n'avait pas pleuré et crié
de bonheur dans vos bras... Vous en arrivez
presque à croire qu'il ne s'est, en effet, rien
passé entre vous. Vous cherchez sur ses
épaules la trace de vos baisers. Les épaules
n'en ont pas gardé la marque. Vous descendez
plus bas. Une onde de chaleur vous court
dans les veines. Ce qui est caché à tous sous
cette robe miraculeusement hermétique, elle
vous l'a révélé aujourd'hui même. Vous
l'avez possédé, c'est votre bien. Elle l'a donné
à vous seul, après quelles luttes !... Et ces
imbéciles qui ne soupçonnent rien !...

Elle ne vous a pas encore vu; mais elle vous
a deviné, elle sait que vous êtes là. Elle est
plus belle ce soir que jamais. Ses yeux un
peu battus ont plus d'éclat; sa chair que vous
avez couverte de baisers fervents rayonne

de bonheur. Vous êtes si ému que vous restez
à l'écart, craignant que l'on entende les batte-
ments de votre cœur.

Elle tourne enfin la tête. Son regard, une
seconde, cherche le vôtre, entre en vous. Vous
fermez les yeux de volupté, et, au milieu
de la fête, des lumières, des bijoux des femmes,
des habits sombres des hommes, vous revoyez
soudain ses pieds nus sur vos tapis.

L'INSTINCT DE REPRODUCTION

B... n'a jamais été amoureux que de femmes saines et propres à mettre de beaux enfants au monde. Et chaque fois qu'il a aimé
une femme, il a eu l'impérieux désir de se
reproduire en elle. Il voulait la posséder,
jouir d'elle et, aussi, lui faire un enfant. Il
était ému à la pensée que sa substance se
développerait et vivrait dans cette femme si
belle, et qu'un être nouveau, plein d'ardeur
et de beauté, naîtrait de cette union passagère.

Il m'assure qu'il n'a jamais caché ce désir
aux femmes auxquelles il faisait la cour.

« J'aimerais avoir un enfant de vous, leur disait-il, un être qui serait à la fois vous et moi, nôtre chair et notre sang indissolublement unis. »

Voilà une forme de déclaration à laquelle les séducteurs n'ont pas habitué les femmes.

Faut-il ajouter à l'honneur des femmes que B... passe pour avoir eu de rares et grands succès et pour avoir réussi là où d'autres avaient échoué?

Il est vrai qu'une fois en possession de la femme qu'il aimait, le raisonnement, la prudence, venaient combattre l'instinct et avaient raison de lui.

La chose intéressante à noter est l'existence de cet instinct de reproduction arrivant jusqu'à la conscience.

LES RÊVEURS ET LES AUTRES

Il est des hommes que l'amour déprime. Sont-ils amoureux, ils ne peuvent proférer un mot, sont incapables d'exprimer leur passion autrement que par des larmes. Ils ne font une cour habile aux femmes qu'autant qu'ils ne les aiment pas. Sitôt que le sentiment entre en jeu, ils sont anéantis. C'est en somme pour eux (et par un homme de ce tempérament) qu'a été écrit *L'Amour* de Stendhal. « Un excès d'émotion paralyse une âme tendre », dit-il à peu près.

Mais les grands passionnés ne sont pas des rêveurs. Ce sont des hommes dont l'amour décuple l'énergie. Lorsqu'ils aiment, le monde leur appartient, rien ne résiste à leur élan. Taciturnes à l'ordinaire, ils deviennent éloquents. Des forces insoupçonnées jaillissent d'eux.

Les rêveurs prétendent que seuls ils savent aimer et que l'amour n'existe que dans les larmes. Mais les femmes ne sont pas de leur avis.

Je connais un homme qui est jeune, beau, séduisant. Il a eu beaucoup de succès. Des femmes se sont éprises de lui; il a joué avec elles fort agréablement. Nul doute qu'en certains milieux, il ne passe pour un don Juan. Il prend avec les femmes le ton qui convient; il leur fait une cour vive et légère, les juge avec une suffisante précision. Il les a; mais il ne les aime pas.

Dès qu'il est amoureux, et cela lui est arrivé plus d'une fois, sa finesse, son assurance, son esprit disparaissent. Il est anéanti, perd tout empire sur lui-même, ne dit que des platitudes, intervient mal à propos, sent sa maladresse, devient de plus en plus nerveux, finit par se rendre impossible et par se faire renvoyer. Cet homme malheureux n'a pas réussi à toucher les deux seules femmes qu'il a aimées passionnément.

A l'opposé, je vois un homme qui n'a jamais fait la cour à une femme, même pour s'amuser, s'il n'avait pas pour elle au moins une nuance de sentiment. Mais il a réussi auprès de toutes celles dont il a été amoureux. Une femme qui l'a aimé me disait (chaque fois qu'une femme vous dit une chose intéressante et vraie, elle use du discours indirect et attribue à une amie l'expérience qu'elle vous raconte. Pour la simplicité du récit — et aussi pour sa vérité — je rétablis le discours direct) :

« Personne ne peut savoir, qui ne l'a éprouvé, ce qu'était X... lorsqu'il était épris d'une femme. Une force irrésistible émanait de lui. On se défendait aussi longtemps qu'il vous était possible. Mais du jour où il vous avait attaquée, on se sentait perdue... »

DÉDOUBLEMENT

Il est des gens qui, au plus fort de la passion, conservent la faculté de se voir agir. Un spectateur conscient assiste impassible aux folies de l'être amoureux.

Le beau B. de R... me dit : « J'ai souffert souvent de ce dédoublement de moi-même, et, chose curieuse, moins lorsque je m'amusais avec les femmes que lorsque je les aimais. J'ai connu une fois la grande passion, celle qui vous chavire tout entier, qui vous fait perdre le sommeil et l'appétit. Je ne pouvais approcher que difficilement de la femme que j'ai, mais. Il y avait, entre nous, des obstacles presque insurmontables. Je fus amoureux d'elle pendant trois mois avant de la voir seule. Enfin, le hasard de la vie de Paris fit que je dus la ramener un jour en voiture chez elle. A peine la voiture commençait-elle à rouler que je parlais; je le fis, en phrases coupées, heurtées, avec une passion enfiévrée par une attente si longue. Ce fut une vraie déclaration avec les mouvements d'éloquence et les admirables folies que l'amour dicte. Eh bien, tant que dura cette déclaration, et elle fut longue, je m'étonnai du son inaccoutumé de ma voix. Elle était changée, étrange; je nasillais affreusement, et je m'en apercevais; je me disais à moi-même au même temps où je m'exprimais avec tant de chaleur : « Tu es absurde, voilà que tu parles avec l'organe ridicule, insupportable d'un bas acteur comique, crois-tu toucher le cœur de cette femme avec ton accent de pitre? » Et j'essayais de me corriger; je prononçais deux ou trois mots froidement avec ma voix ordinaire, puis la passion l'emportait, et je recommençais à nasiller...

« Et c'est ainsi qu'à l'heure la plus émouvante de ma vie, un témoin caché en moi me jugeait et se moquait de ma voix changée. »

LE COQ DU VILLAGE

Les hommes à succès ne sont pas sans s'apercevoir, s'ils ont un peu de clairvoyance, que les succès leur sont surtout faciles dans le petit cercle où ils ont accoutumé de vivre. Une fois qu'ils y ont conquis une femme, leur avenir est assuré.

Les habiles restent dans le pays dont ils connaissent les habitants et les mœurs. Ils y sont entourés d'un incomparable prestige. On les croit invincibles; cela suffit pour qu'ils le deviennent. Ils ont l'autorité qui ne se discute pas.

Le monde parisien, divisé à l'infini en petites paroisses, est plein de coqs de village. Chacune de ces paroisses a un homme à succès qui la régente. Il opère dans deux ou trois maisons choisies; il y connaît les tenants et aboutissants de chacun, les avenues qu'il faut suivre et qui mènent au succès. Il donne ainsi la bataille sur le terrain de son choix. Sa sagesse est de n'en pas sortir.

Arrive-t-il dans un cercle inconnu, il ne fait rien qui vaille. En vain prend-il des airs avantageux. On ne sait ni qui il est, ni ce qu'il a fait. Et si l'on dit de lui : « C'est un tel ; il a eu des succès », les femmes le regardent à peine et murmurent dédaigneusement : « Est-ce possible ? Vous vous trompez. »

DE SUIVRE LES FEMMES

J'ai connu un homme qui suivait les femmes dans la rue, en tramway, à pied ou en voiture. Ça l'a mené, après quelques années, dans une maison de santé où on le douchait en vain, chaque jour, pour ramener la raison qui l'avait fui.

Comme il était, au temps de sa jeunesse, doué de quelque intelligence et qu'il avait l'esprit de méthode, il s'était fait un plan de Paris à l'usage des suiveurs. Il savait en quelles rues, devant quels magasins, à quelles heures et en quelles saisons, les chasses étaient les meilleures. En marge du plan figurait un tableau sur lequel on voyait le rendement de chaque quartier. On y lisait, pour une ligne de tramway, le chiffre : six pour cent. Une autre ligne donnait huit; la rue de la Paix était à cinq; un grand magasin de la Chaussée-d'Antin montait à seize pour cent. Mais le meilleur résultat était obtenu en été, sur une ligne de banlieue, celle qui va de la Gare de l'Est au Perreux, où, sur cent femmes que l'on abordait, on était accueilli favorablement par vingt-deux d'entre elle.

Le nombre des ratés est considérable. Admettons, en moyenne, que notre homme réussît auprès d'une femme sur quinze. Mais ici, comme à la chasse, le plaisir de la poursuite est grand et se suffit presque. Il s'y livrait avec passion, les nerfs tendus; c'était déjà une joie aiguë et dangereuse. Il suivait entre dix et vingt femmes chaque jour. Il ne s'émouvait ni des rebuffades, ni des marques de mépris qui ne manquaient pas. Du reste, il avait acquis du tact. Il sentait assez vite quelles étaient ses chances de succès. Ce que disait la femme ne lui importait guère et il n'y prêtait pas d'attention. Cela débutait toujours par de la colère, rarement par un éclat de rire. Colère ou rire, il continuait sans se laisser troubler.

Comme nous lui objections qu'il choisissait des femmes d'allure provocante et facile, il répondait qu'il était attiré, au contraire, par la tenue et les apparences les plus correctes, par la distinction et la réserve. Il convenait avoir été dupe, il est vrai, de professionnelles qui imitaient à s'y méprendre les façons des

femmes du monde, et ne s'être aperçu de son
erreur que dans la chambre de l'hôtel meu-
blé, mais il tenait pour assuré qu'il y a, dans
le monde, comme dans la petite bourgeoisie,
des femmes que l'on ne peut avoir qu'ainsi,
par surprise, et qui préfèrent l'aventure
sans lendemain avec un passant à la liaison
dangereuse avec un homme de leur cercle.
En outre, les étrangères étaient d'un sûr rapport, car elles viennent à Paris pour s'y
amuser, et, ne connaissant personne, sont
heureuses que le hasard mette un homme
entreprenant sur leur chemin.

Notre ami était plutôt bien de sa personne,
grand, les cheveux crépus, l'œil en amande;
du reste, très vulgaire. Mais, à l'étonnement des hommes bien élevés, la vulgarité
est le défaut qui déplaît le moins à la plupart
des femmes.

Un homme délicat, cherchant une maîtresse, consentira-t-il à la prendre dans la
rue? Le seul fait qu'elle s'est laissé aborder
ne suffira-t-il pas à la classer dans son esprit

parmi les femmes faciles et folles, et à empêcher le charmant et indispensable travail
d'idéalisation que Stendhal appelle « la cristallisation ».

Dans la rue on peut rencontrer le plaisir.
Il ne faut pas en faire fi. Est-ce donc rien de
croiser une jolie femme, de s'arrêter aussitôt,
de renoncer à la course projetée, de se mettre à la suivre? Elle marche d'un pas décidé
sur le trottoir, et tout près d'elle, dans son
odeur, vous allez, joyeux, en pensant à
l'aventure prochaine. Vous la regardez, vous
la respirez... Qui est-elle? Comment vit-elle?
A-t-elle une âme légère de petite femme
prête à se donner?... Elle sera charmante en
déshabillé?... Je caresserai ses hanches arrondies comme les flancs d'un vase. Ah ! les jolis
cheveux... Que répondra-t-elle quand je l'abor-
derai?... Il faut l'amuser, la faire rire. Une
femme qui rit est désarmée... Je sens que je
gagnerai la partie. Nous aurons l'un par
l'autre une heure de notre existence embel-
lie... Je ne sais rien d'elle. Je ne la connais

pas. J'entrerai violemment dans sa vie pour en sortir aussitôt. Il n'est de plaisir que bref et sans lendemain. Hâtons-nous de le cueillir ».

Mais les hommes raffinés savent que même le plaisir demande plus de préparation. Ils ne sont pas disposés à le goûter dans une chambre d'hôtel en compagnie d'une passante douteuse. Ils savent aussi les risques de ces rencontres. S'ils suivent une femme dans la rue, ils sont assez sages pour s'amuser un instant de cette poursuite, mais l'aventure charmante se noue et se dénoue dans leur imagination.

Il faudrait se faire une règle : s'interdire le plaisir facile de suivre et d'aborder les femmes dans la rue.

Alors, le jour où l'on en rencontre une qui vous fait rompre avec vos habitudes et mentir à votre passé, c'est qu'elle en vaut vraiment la peine.

AUTRES CHOSES

On voit des hommes, par ailleurs délicats, aimer des femmes qui sont à tous, qui ont eu cinq cents amants, qui se donnent à la nuit.

Pourtant ils les aiment; ils leur murmurent des mots ardents; ils scrutent leurs yeux; ils frémissent de passion dans leurs bras.

L'énorme cortège de leurs prédécesseurs lointains et immédiats, de ceux qui ont passé là les nuits précédentes, ne les gêne pas. Ils aiment ces filles comme un autre aime une femme qu'il a prise vierge et qui ne sera jamais qu'à lui.

Ce goût de la fille est étrange. Mais il existe. L'idée qu'une femme a appartenu à d'autres excite certains hommes au lieu de les paralyser. Ils veulent user d'un corps qui ait déjà servi. On en voit qui préfèrent prendre pour femme légitime une fille. Je connais des familles où, de père en fils, les hommes ont épousé leur maîtresse qui était parfois leur cuisinière.

Chez ces gens un peu bohèmes, il y a au moins une tradition, celle de la fille.

Il est des hommes nés pour la vie de famille. Ils l'ont toujours menée. Elle leur est indispensable. Ils ont vécu, comme on dit, dans les jupes de leur mère. Lorsqu'ils quittent le foyer maternel, ils souffrent horriblement de la solitude. Ils seraient d'excellents maris, mais il n'est pas possible de se marier jeune. Il faut faire ses études, établir ses affaires avant que la société autorise à prendre une épouse et à fonder une famille légitime. Alors ils s'acoquinent avec la première venue. Et les voilà collés.

QUELQUES HOMMES

R... est un homme peu compliqué, car il n'est que double. Il est de tempérament passionné et d'âme bourgeoise. En tant qu'homme passionné, il s'éprend successivement de femmes diverses; en tant que bourgeois, il supporte mal de ne les avoir que comme maîtresses. Il rêve d'un bonheur légitime, public et approuvé par la société. Alors il épouse sa maîtresse; il l'épouse pour un an ou deux, puis il divorce.

Ainsi tout se passe-t-il suivant les convenances sociales et conformément aux lois de l'État.

Il en est aujourd'hui à sa sixième femme légitime. Mais, patience, il n'a que cinquante ans, il arrivera à la douzaine.

Si l'on cause d'amour dans le cercle, V... prend des airs mystérieux. Il a la bouche cousue; il ne parlera pas, quoi que vous disiez. Il ne sait rien, il est discret comme une tombe.

Vous êtes depuis une minute seul avec lui que, déjà, il vous avoue qu'il est amoureux. Ne le poussez pas, car il ajouterait aussitôt, sur un ton de stricte confidence, qu'il aime

une femme du monde et qu'elle le paie
de retour. Il dira aussi, sans en être prié,
qu'il n'en est pas à sa première aventure,
que cela a été sa fortune de se promener
depuis dix ans au milieu de fleurs délicates
parmi lesquelles il n'a eu qu'à cueillir. N'ayez
pas l'air de douter de ce qu'il vous raconte,
car il est prêt à vous nommer les femmes qui
lui ont appartenu et même sa maîtresse de
l'heure présente.

V... est gros et court, chauve et barbu; il
a les genoux cagneux et les pieds plats; il est
sans nom et sans fortune. Les seules femmes
dans l'intimité de qui il ait pénétré sont de
pauvres filles qu'il ne connaît que par leur
prénom. Elles lui coûtent un louis pour la
nuit.

Est-il possible d'unir plus de finesse d'esprit à plus de maladresse dans les affaires
d'amour que ne le fait S...?

Nul mieux que lui n'aiguise pour les femmes des compliments alambiqués, ne leur
décoche des traits plus charmants. Il les
traite comme des déesses qui n'auraient

jamais quitté l'Olympe pour s'encanailler sur la terre.

Quel bizarre mélange de qualités et de défauts en ce garçon !

Il est à la fois vaniteux et timide, ostentatoire et gêné, et soudain il mêle étrangement au marivaudage la vulgarité.

Je l'ai vu faisant un jour une cour précieuse, mignarde, à une jeune femme qu'il n'abordait qu'après d'infinis détours. Ayant longtemps évoqué des images rares, il se tut.

La jeune femme, après un silence, lui dit:

— Vous rêvez à la lune, S...?

— A la vôtre, répondit-il, avec le plus fin, le plus délicat des sourires.

C... arrive au cercle à six heures. Il court à une table et commence une lettre. Tandis qu'il écrit, il pousse des soupirs d'aise ; il s'arrête, il regarde dans le vague, les yeux ravis. Bientôt il lui faut un confident ; il s'adresse à D.. qui lit un journal près de lui.

— Je fais cette lettre, lui dit-il, pour une femme que j'adore. Je la quitte à l'instant.

Nous avons passé une après-midi inoubliable. O volupté! O caresses!...J'en suis encore frémissant et il faut que je lui écrive au sortir même de ses bras...

Les mots volent sous sa plume. Il a fini, il cachète l'enveloppe, il appelle le chasseur et à voix haute :

— Porte ceci au numéro 63 de la rue de Bassano, c'est un hôtel privé. Remets-le en mains propres. Va.

Cela fait, il s'asseoit près de son ami et lui explique longuèment combien le secret ajoute de prix à l'amour.

F... va dans le monde. Il y a des amies. Il entre dans un salon et trouve dix femmes charmantes avec qui causer. Près de l'une d'elles, il s'installe dans un coin écarté. Il lui parle bas, mais avec animation ; il trouve des mots heureux, presque tendres ; un instant, il lui prend la main ; ses yeux brillent. Souriante, elle l'écoute avec complaisance.

De loin on les surveille sans méchanceté. On se dit : « Ils s'aiment ou ils vont s'aimer;

ils sont libres l'un et l'autre; F... est un garçon discret, de commerce sûr; elle est charmante, timide et fière, prête à se donner à un ami véritable. Cette soirée sera décisive pour eux. »

Cependant le temps passe..F... se lève; il ne peut se décider à quitter sa compagne! enfin il prend congé, il sort. Il attendra, sans doute, son amie à la porte et la reconduira chez elle. Ils connaîtront enfin un juste bonheur.

Mais non, à peine sur le trottoir, il hèle une voiture et donne au cocher l'adresse d'une maison où s'éteindra dans des bras serviles l'ardeur qu'il a gagnée auprès d'une autre.

IV

QUELQUES CONSEILS
SUR LE CHOIX D'UNE MAITRESSE

On ne choisit pas sa maîtresse. Elle vous tombe dessus; quelques-uns ajoutent : comme une tuile.

Pourtant il est des hommes à qui la multiplicité des bonnes fortunes permet le choix. Ils ont eu vingt ou trente maîtresses, j'entends de celles qui comptent. La femme qu'ils gardent est vraiment de leur choix. Elle leur donne, qu'ils en soient conscients ou non (ils ne s'en aperçoivent souvent que lorsqu'ils l'ont perdue) la qualité d'amour qu'ils préfèrent. Ils sont plus heureux que mon ami X... qui n'a eu qu'une femme dans sa vie, n'ayant su se détacher de la première qu'il a connue.

C'est pourquoi on peut se risquer à te donner, ô jeune homme que l'on voudrait être, quelques conseils sur le choix d'une maîtresse en s'excusant à l'avance du ton didactique qu'implique un conseil donné. Dis-toi, du reste, qu'il y a mille façons de réussir auprès des femmes. Celle que je te propose ne m'appartient pas. Je l'emprunte à ton intention à la sagesse des siècles dont d'autres tireront des enseignements opposés, et non moins efficaces.

Mais avant d'aller plus loin, il convient de dire le charme des moments passés à la recherche de celle qu'on aimera.

C'est une heure exquise, celle qui précède l'amour. On sent frémir en soi d'ardeur et d'impatience le jeune dieu enchaîné. L'attente est une fièvre délicieuse... L'univers est ouvert devant vous. Ses trésors sont là. L'amour d'une femme vous donnera l'empire du monde... Une inconnue passe... Est-ce elle, enfin ?... De quels yeux suprêmes vous la regardez ! Les mots qui vous montent aux lèvres viennent du profond de l'être. Une angoisse divine vous étreint !... Mais non, vous vous éloignez. Vous voulez quelque chose d'intense qu'elle n'a pas. Vous voulez plus, et plus encore !... Une autre ! Une autre !... En chasse !

Et l'on vit des heures passionnées dans l'attente du bonheur.

Cependant tu méditeras ces quelques conseils préalables, petit bréviaire que je t'offre, sage jeune homme, à feuilleter dans les heures de solitude.

Ne crains pas de rester silencieux dans le monde si l'on y parle d'amour. Ceux qui se dépensent dans le cercle s'épuisent inutilement. Ce n'est pas en public que tu veux briller.

Ce que tu as à dire, garde-le pour le parti-culier. Lorsque tu seras assis à côté de la femme à qui tu veux plaire, sors de ta réserve. Étonnée de ce changement d'attitude, elle comprendra qu'elle en est la cause et t'en saura gré. Explique-lui que si l'on est plus de deux personnes, on parle pour la galerie et que cela est dénué d'intérêt; il est des choses si belles qu'elles ne souffrent pas d'être exposées en public.

Ne tombe pas dans l'erreur commune à tant de jeunes gens de parler de l'amour avec légèreté. Ne crains pas d'être grave et con-vaincu. Les femmes, même les plus frivoles, sont enchantées qu'on les prenne, ne fût-ce qu'un instant, au sérieux.

Avant toutes choses, sois secret. Ne livre rien de ton passé. Il est malaisé d'avoir de la grâce en se racontant soi-même. C'est l'art le plus difficile. Ne parle donc pas des bonnes fortunes que tu as eues, bien que la réputa-

tion d'avoir été aimé déjà soit un grand avantage pour réussir auprès des femmes. Sois
sûr, du reste, que la rumeur publique ren-
seignera bien vite celle à qui tu t'intéresses.
Dès qu'on te verra lui faire la cour, des amis
opportuns viendront lui dire : « Prenez garde !
Vous ne savez pas quel adversaire vous avez
en face de vous. Il est d'une extrême habileté.
On ne compte plus les femmes qu'il a rendues
malheureuses. C'est un homme dangereux...! »
— Le grand mot est lâché, celui qui te donnera partie gagnée. Il n'est pas d'exemple
d'une femme ainsi prévenue qui n'ait désiré
pousser une affaire, laquelle, sans cela, ne
l'eût peut-être intéressée qu'à demi. L'idée
du danger l'excite, soit qu'elle espère triompher où d'autres ont succombé, soit par cet
attrait si naturel du risque chez une femme
qui s'ennuie. Et puis il n'est peut-être pas
une femme, si faible soit-elle, qui, au fond
d'elle-même, ne pense l'emporter dans sa
lutte avec l'homme par les charmes secrets
de son sexe.

Il est possible qu'une femme sentimentale et qui en est à sa première affaire,
te batte froid pendant quelques jours à

la suite des objurgations amicales. Tu devineras sans peine la cause de ce changement d'attitude. Que cela n'altère en rien ta façon d'être auprès d'elle. Elle te reviendra et ces mouvements d'humeur te la livreront plus vite. Ainsi le poisson qui fuit après avoir mordu légèrement l'hameçon s'enferre à fond.

Pour devenir un don Juan, il suffirait de créer autour de soi, avec la complicité d'un ami, par exemple, la légende qu'on est un homme dangereux. Une fois en possession de cette réputation, on n'a plus qu'à récolter. Le choix ne manque pas.

Donc, assuré du bavardage opportun d'autrui, ne parle jamais de ton passé.

Si tu en es à ta première bonne fortune, vois combien ce silence est avantageux. Il te sera imputé à discrétion et on t'en louera. Les femmes ne souffrent pas l'indiscrétion chez leur partenaire; elles entendent la pratiquer elles-mêmes, librement.

Il est possible que la femme que tu as distinguée te demande de lui prêter des livres. C'est une façon de se tâter le pouls sentimentalement, si j'ose dire, dont beaucoup sont friandes. Les séducteurs en herbe font ici de grosses erreurs de tactique. Ils arrivent armés des *Liaisons dangéreuses*. Jamais on ne séduira une femme qui en vaut la peine par le moyen d'un livre cynique. Ce sont les sentiments qu'il faut attaquer.

Quant aux autres femmes, il n'est pas besoin de littérature pour faire du chemin auprès d'elles. Un geste hardi, mis en sa place, vaut mieux qu'un long poème.

Sois scrupuleux dans le choix des moyens que tu emploies dans la bataille. Il n'est pas difficile de gagner au jeu si l'on y triche, mais le grand joueur triomphe malgré les cartes adverses. Si tu es riche et que tu achètes une femme, auras-tu l'illusion d'être aimé? Séduiras-tu par d'irréalisables promesses, par de grands serments que tu sais ne pouvoir tenir?

Ne sois pas ce marchand d'illusions. Ne promets rien. Goûte la joie profonde d'être aimé malgré tout, non pour de chimériques espoirs, mais pour ce que tu es.

Si tu voulais te marier, je te dirais de chercher une femme dont les goûts se rapprochent des tiens. Mais pour une maîtresse, ne crains pas les contrastes éclatants.

Tu es athée. — Prends une maîtresse pieuse pour admirer ce qu'il y a d'affirmation spontanée de l'idéal, comme dit Renan, dans une femme qui croit en Dieu. Un monde inconnu et fervent te sera révélé. Tu en auras de grandes jouissances. Et il ne peut être indifférent à l'homme le plus affermi dans son incrédulité de penser qu'une femme, jeune, jolie et modeste, prie pour lui chaque jour dans le secret de son cœur.

Es-tu croyant ? — Choisis une fille libre et provocante qui d'un mot hardi ébranle l'édifice de l'Église. Une boutade qu'elle jette en défaisant son corset ruine le dogme de la Sainte Trinité et, du bout de son pied nu, elle éteint les braises vaines de l'enfer. Pourtant tu ne frissonnes pas. Dans un corps apaisé, il n'est pas de place pour une âme de doute, et, lorsqu'elle est partie, tu remercies Dieu qui a permis que, par la faute d'Adam, le péché vînt dans le monde.

Benjamin Franklin a écrit — qui l'eût cru de cet Américain et sage philanthrope ? — un petit traité sur le *Choix d'une maîtresse.*

Il y recommande de prendre une maîtresse d'âge mûr. Il raisonne ainsi : les plus hautes branches d'un arbre meurent les premières et la sève subsiste dans le tronc. De même la figure d'une femme est ce qui vieillit le plus vite en elle. Sous le visage fatigué d'une femme de quarante-huit ans, vous voyez des épaules admirables qui n'en ont que trente-cinq. Descendez plus bas — oh ! Benjamin ! — vous trouverez plus de jeunesse encore... Passons sous silence l'avantage évident, pour se pousser dans le monde, d'avoir comme maîtresse une femme d'expérience et de relations.

D'aucuns pensent que les années les plus propres à l'amour sont celles de vingt-cinq à quarante ans. Au dessous de vingt-cinq et au dessus de quarante, les amants sont attirés par les complémentaires qui les feront rentrer dans la moyenne indiquée. Une jeune femme de vingt ans sera séduite plus sûrement par la force avertie d'un homme ayant dépassé la quarantaine; une femme experte et mûre choisira de préférence un jeune garçon. Et les vieillards qui, jusqu'aux portes de la correctionnelle, aiguisent ce qui leur reste de dents sur des fruits trop verts, aident de leur mieux à fortifier la démonstration tentée ci-dessus.

Si, au moment de prendre une maîtresse, tu envisageais tous les malheurs qu'elle peut amener dans ta vie, tu ne prendrais pas de maîtresse. Tu serais épouvanté à voir les calamités latentes dont est gros l'acte de l'amour.

Du reste si l'on voulait agir raisonnablement, on n'agirait jamais. Pour la raison, rien n'est possible; on ne peut justifier à ses yeux ni la société, ni l'univers où nous sommes. La vie de chacun de nous est, du point de vue de la raison, un miracle, car, il n'est pas un homme dont l'existence n'implique des contradictions essentielles. Et pourtant nous vivons. La vie a plus de ressources que n'en a notre raison. Et elle a tout de même, en outre, parfois, le sourire.

Es-tu amoureux? Sache à l'avance que ton amour n'a pas une chance sur dix mille d'être durable. Agis pourtant comme s'il devait être éternel, car, dans le domaine de l'amour, tout arrive, et tel qui pensait être parti pour un voyage d'un mois se trouve embarqué pour la vie.

Lorsque tu prends une maîtresse, ne te préoccupes pas de la façon dont tu rompras avec elle. La vie qui connaît plus d'un tour s'en chargera. Et comme il est possible que

tu passes à ce moment-là un vilain quart
d'heure, il est inutile de gâter les premières heures agréables de l'amour par d'inutiles tracas.

Il est bon de savoir à l'avance ce que tu
cherches. Cours-tu pour ton plaisir ou pour
ton intérêt? Veux-tu une femme qui te plaise
ou qui te serve? Comme il n'est pas vraisemblable que tu fasses d'une pierre deux
coups, je supposerai qu'en amour tu ne son-
ges pas aux affaires.

Stendhal imagine que les Français choi-
sissent le plus souvent leur maîtresse pour
des motifs de vanité. Il ne faut pas prendre la
boutade de Stendhal au sérieux. Il est vrai
qu'au moment où j'écris ceci, je pense à un
exemple qui donne raison à Stendhal, à celui
de H..., israélite, sans fortune, sans position, devenant l'amant de la duchesse de S...
qui est grand-mère. On voit les avantages
qu'il en tire.

Mais des exemples semblables se trouvent
aussi souvent à l'étranger qu'en France.

Dans la petite bourgeoisie, quand une femme prend un amant, elle tient la chose secrète, car l'opinion publique n'est pas tolérante.

Dans le monde, malgré la liberté dont on y jouit, les mœurs sont très opposées à la publicité en ces matières. La femme est toujours dans l'obligation de ne pas se compromettre; on témoigne peu d'estime à l'homme indiscret.

Il est donc rare que ce soit pour se vanter que l'on choisisse une maîtresse et l'amour reste le sentiment où la vanité joue le moindre rôle. Qu'y viendrait-elle faire? Quelles satisfactions en tirerait-elle? Il lui faut un public et l'amour dans le monde est tenu au secret!

Si tu m'en crois, rien n'est plus absurde que de mettre de la vanité dans le choix de ta maîtresse.

Si tu achètes une propriété, si tu changes d'appartement, tu es obligé de tenir compte de l'opinion d'autrui. Ton appartement a de beaux salons, mais tu couches dans une chambre sur cour. Pour paraître, tu fais des sacrifices.

Si tu te maries, tu épouses une femme pour le monde et pour tes amis aussi bien que pour toi. Il faut qu'elle s'occupe de ta maison, qu'elle reçoive, qu'elle t'apporte crédit et considération, qu'elle flatte ta vanité de propriétaire-mari.

Mais lorsque tu choisis une maîtresse, songe que tu la prends, non pour tes amis, mais pour toi. Une fois que tu la tiendras nue dans tes bras, il importe qu'elle soit jeune, belle, plaisante, et non pas qu'elle ait le droit de mépriser les X... parce que leur famille n'a pas fourni de favorite au roi voici deux siècles. La sagesse antique distinguait dans l'homme ce qu'il est de ce qu'il a. Prends ta maîtresse pour ce qu'elle est.

Méfie-toi des intellectuelles. Elles ne sont tolérables qu'en société. Souviens-toi que tu cherches une compagne de lit et qu'un beau corps est, entre les draps, plus précieux qu'un trait d'esprit.

La sensibilité de la femme nous intéresse plus que son intelligence si à fleur de cerveau.

L'intelligence n'est, du reste, que la région superficielle de l'esprit. Au-dessous d'elle, il y a le monde énorme, obscur, de l'inconscient, souvent plus riche chez la femme que chez nous.

Fuis les femmes qui prétendent diriger leur vie par l'intelligence et la raison. Cette prétention prouve une extrême pauvreté de tempérament.

Ce sont les marches magnifiques de l'instinct qui t'attirent.

Évite aussi les femmes extasiées dont le cœur déverse, à robinet ouvert, un flot continu de tendresse sur l'univers entier. Une étoile ou une feuille de salade, un mendiant pouilleux, le plus pitoyable des couchers de soleil, excitent leur lyrisme éperdu. A les en croire, l'univers n'est pas assez vaste pour l'immensité de leur amour... Et comme elles parlent ! comme elles savent des choses ! comme elles tutoient la nature !... Avec quels yeux demi-clos évoquent-elles l'accouplement léger des éphémères ou l'hermaphrodite union des escargots !... Il leur faut un public. Elles ont un tel besoin de se raconter qu'elles arrêtent le premier venu; elles ne gardent rien de secret pour lui; elles se montrent nues; elles exécutent devant lui les danses sacrées. Elles ne le connaissaient pas il y a une heure et déjà elles l'associent à leurs jeux prodigieux: déjà il se croit le compagnon fêté de leur vie... Mais dans soixante minutes, elles l'auront oublié et danseront avec la même fougue haletante devant un autre. Si elles ne trouvent personne, elles font monter le concierge... Lorsque tu es auprès d'elles, tu es ébloui, et, au même temps, tu as honte de ta sécheresse, tu te reproches ta froideur, tu te pinces pour t'échauffer, tu étends les bras pour étreindre l'univers.

Mais ne demande à ces femmes que ce qu'elles peuvent te donner: une représentation magnifique, sous les feux de la rampe, devant mille spectateurs. C'est là qu'elles se dépensent et se livrent. Une fois le rideau baissé, si tu passes dans la coulisse, tu y trouves, parmi les portants sales et les toiles nues, une femme écroulée, morte de fatigue, incapable d'aimer.

Mais les mystiques sont de ferventes amoureuses. Il y a en elles un trésor d'inépuisable passion. Elles aiment le Christ comme un amant et leur amant comme un Dieu. Ces femmes qui veulent l'union ineffable des âmes savent offrir magnifiquement leur corps à l'amour. Elles l'abandonnent sans réserve, sans marchandage, comme si elles en ignoraient la valeur. Mais cela n'est que raffinement suprême, comme le montre le mot de l'une d'elles, la baronne de Krüdner qui, dans les bras de son amant, au moment qu'il lui faisait sentir l'aigu des plaisirs de la chair, s'écriait : « Ah ! Dieu, je te demande pardon de l'excès de mon bonheur ! » donnant par ce cri que peut seule se permettre une mystique, un prix presque divin à une joie terrestre.

Le monde est aujourd'hui cosmopolite. Règle générale (il est d'aimables exceptions), évite les étrangères. Ce sont des femmes dangereuses, excessives, et qui ignorent les bonnes manières (je ne parle pas de la façon de manger).

Les Américaines dont nous sommes envahis promettent beaucoup et ne tiennent pas. On en voit de belles ; elles sont glacées. A quoi bon te dépenser pour échauffer un bloc de glace qui te gèlera les mains ?

Les Anglaises ne soignent pas leurs dessous. Elles portent parfois, horreur ! des combinaisons !

Les Allemandes sont d'une sentimentalité outrée qui ne va pas sans une fâcheuse mollesse des seins.

Les Russes ont la voix douce, mais avec elles on ne sait sur quel pied danser.

Les Polonaises, on en a vu d'exquises. Elles ont du cœur, de la beauté, de l'esprit. Mais le reste ?

Les Italiennes te donneront du plaisir dans le lit, mais peu de conversation après la chose honorable.

Les Espagnoles sont tragiques ou ennuyeuses. Feras-tu entrer le drame ou l'ennui chez toi ?

Seules les Françaises t'offriront l'amour

avec l'agrément et la diversité que tu désires. Elles plaisent, elles amusent, elles aiment ; elles sont merveilleusement douées pour les jeux que tu préfères ; elles ont du cœur aussi, aucun sentiment ne leur est étranger. Si le hasard met une novice sur ton chemin, n'hésite pas à la prendre ; son inexpérience sera brève ; elle dépassera vite tes leçons. Tu trouveras chez tes compatriotes la délicatesse et l'ardeur, le goût, l'audace et le raffinement, un raffinement secret qui ne s'étale pas au dehors et qui sera pour toi seul. Telle femme qui ne peut s'offrir que quatre robes par an a des dessous plus beaux qu'une duchesse anglaise. J'ai toujours pensé que les véritables qualités de la Française étaient cachées. C'est une femme qu'il faut découvrir pour la bien connaître.

En outre vous êtes de la même race, vous vous plaisez aux mêmes finesses, vous vous entendez à demi-mot.

Enfin c'est avec la Française que tu auras le moins d'ennuis. Elle sait rompre et cela est à considérer.

Il y a de nos jours une société charmante de femmes qui ont été mariées et qui ne le sont plus. Le divorce leur a créé des loisirs. Elles ont aimé déjà, goûté la douceur et l'amertume des jours changeants ; elles ont été déçues, mais elles sont prêtes à aimer encore. Elles ont dans le caractère quelque chose de hardi ; elles sont insoumises, ne se sont pas pliées aux esclavages anciens.

Je t'entends me dire : « Menez-moi chez ces libres femmes. C'est là que je trouverai une maîtresse suivant mon cœur et que j'éviterai l'ennui du mari obligatoire. »

Non, je ne te conduirai pas chez les divorcées. Tu es trop jeune encore pour affronter ces femmes dangereuses qui n'ont conquis leur liberté que pour l'aliéner à nouveau, définitivement. Elles ont en elles le goût terrible de l'absolu. Ce sont pour la plupart des femmes à idéal ; elles se sont séparées de leur mari parce qu'elles ignoraient l'art de vivre, qui est fait d'arrangements et de concessions. Elles n'ont jamais su danser en équilibre sur la corde raide entre l'amant et le mari. Si tu es aimé par l'une d'elles, elle s'imaginera qu'elle va refaire sa vie avec toi... Rien n'est plus fatigant et plus vain que d'entreprendre de refaire la vie d'autrui. C'est assez de mener la sienne propre. La devise de ces femmes est: « Tout ou rien. » Aux femmes qui demandent tout, il ne faut rien donner.

Ou bien tu rencontreras parmi elles la femme incomprise, celle qui a mal à l'âme, « l'éternelle blessée ». Te sens-tu la vocation de garde-malade? Passeras-tu les jours de ta jeunesse à panser des plaies qui ne guériront jamais?

A l'heure où tu vois ta vie étalée devant toi comme un beau pays que tu vas parcourir, ne prends pas dans tes bagages une femme libre. Souffriras-tu qu'une femme viole la paix de ton domicile à n'importe quelle heure du jour et de la nuit, qu'elle sonne à ta porte au moment où, les pieds au feu, tu te prépares à passer quelques heures parfaites de solitude, qu'elle apporte ses pantoufles, sa matinée, ses objets de toilette chez toi, qu'elle finisse par passer les nuits entières dans ton lit?

L'amour s'accommode mal de ce train-train

conjugal. Si c'est ce pot-au-feu que tu désires, si tu veux te créer des habitudes à deux, prends une femme légitime. Si c'est autre chose que tu cherches, fuis les divorcées.

Il te faut une femme mariée, et bien mariée, j'entends de celles qui, à cause des idées de leur monde, ne songeront jamais à divorcer. Elles ont un mari, des enfants, des relations ; elles entendent les conserver et garder l'arrangement merveilleux de leur existence. Mais elles veulent quelque chose de plus que tu peux leur fournir. Elles n'ont connu que l'amour conjugal. Encore n'a-t-il pu résister à l'affreux corps à corps du mariage. Elles savent qu'il en existe un autre, incomparablement plus beau. Elles cherchent celui qui le leur révélera.

Tu seras, si tu m'en crois, ce prédestiné des fées. Tu assumeras le rôle de dispensateur des biens essentiels.

Trois ou quatre fois la semaine, à des heures fixées à l'avance, ta maîtresse viendra te trouver. Tu la verras secrètement et le mystère double le prix de l'amour.

Peut-être te plaindras-tu de cela même? Tu la voudrais chaque jour et peut-être à chaque heure! Imprudent! vois ce que tu as et ce que tu veux perdre.

Lorsque ton amie sonne à ta porte et que, le cœur battant, elle s'appuie sur toi, songe qu'elle s'est lavée, parfumée, qu'elle a couvert son corps frais de batistes légères, et que maintenant elle va se déshabiller pour te plaire. Elle a pris aussi pour toi une âme de fête. Elle a laissé au logis les soucis, les mille petits ennuis qui assombrissent les meilleurs ménages; elle a dû gronder les enfants tapageurs, la couturière était en retard pour une robe, son mari avait de l'humeur à cause d'affaires difficiles ; ils ont échangé quelques mots aigres. Tout cela est oublié lorsqu'elle entre chez toi. Elle ne pense qu'à t'aimer. Elle dépose les soucis avec sa robe et son linge fin. Ce sera assez de les reprendre dans deux heures quand elle rentrera au logis.

O jeune homme privilégié, tu représentes l'amour pour elle, et tu aspirerais à devenir ce je ne sais quoi, ce souffre-douleurs, ce maître-Jacques conjugal qu'on appelle un mari !

Elle t'offre ce qu'il y a de meilleur et de plus rare au monde. Sache jouir des heures précaires et passionnées qu'elle te donne. L'amour n'a rien à gagner à se mettre en ménage. Qu'il vive ses minutes éclatantes, qu'il les arrache à la monotonie, à l'ennui de l'existence quotidienne ! Voilà sa victoire !

C'est donc parmi les femmes mariées que tu chercheras une maîtresse.

Une maîtresse stérile a bien de l'agrément, car le chapitre des précautions est fort ennuyeux. Pourtant il faut se souvenir du mot profond qui m'a été dit par une femme : « La cause de l'adultère, c'est l'enfant », signifiant par là qu'une femme sans enfant, si elle aime, n'a aucune raison grave de ne pas quitter son mari pour son amant. Ayant médité ce mot, on conclura qu'il est préférable de choisir une maîtresse ayant des enfants.

Si tu es un homme de précaution, tu t'informeras aussi du mari, de sa santé, de son caractère, de ses occupations... Il y a deux écueils à éviter.

D'abord les drames. Ils sont à notre époque anachroniques. Les temps sont à l'indulgence. On ne voit plus un mari, sauf américain, tirer sur l'amant de sa femme. Il n'est plus bien porté, même dans la bourgeoisie, de déplacer le commissaire de police pour le vain plaisir de surprendre sa femme nue dans les bras d'un tiers. Il faut donc veiller à ne pas tomber sur un mari à caractère emporté.

Mais, et c'est le second écueil, le mari qui adore l'amant de sa femme est insupportable aussi.

Évite l'un et l'autre de ces maris.

Si cela t'est possible, cherche de préférence dans le meilleur monde. Tu y trouveras des femmes d'esprit vraiment libre et qui savent vivre.

Ne crois pas que toutes les femmes soient égales. L'égalité n'existe que comme mot peint en noir et blanc sur les monuments publics. Il y a encore, il y aura toujours des classes privilégiées. Quelle que soit ton opinion sur la société et quand même par ailleurs tu travaillerais à la détruire, ne manque pas de prendre avantage, si tu le peux, de ce qu'elle a de plus raffiné et de plus exquis : la femme. La femme, depuis sa naissance, n'y a été élevée que pour plaire et pour séduire, pour vivre les minutes de luxe les plus rares. Regarde-la entrer dans un salon, vois sa grâce, son aisance, la façon dont elle marche, dont elle s'assied, l'art parfait avec lequel elle est habillée.

Il a fallu des siècles de culture pour produire une fleur aussi belle.

Pas un instant de la vie de cette femme n'est pris par ces occupations harassantes de boucler un budget trop serré, de faire rendre à un louis d'or plus qu'il ne peut donner de menue monnaie, de s'inquiéter du prix des légumes et de moucher ses enfants.

Elle ne pense qu'à l'amour. Elle sait que l'amour seul peut l'arracher à l'ennui luxueux que la richesse lui crée.

Tu seras surpris de la véritable liberté d'esprit que les femmes du monde conservent sous les dehors traditionnels d'une politesse raffinée et d'une parfaite éducation. Elles ont compris depuis longtemps qu'elles n'ont à donner au monde que leur vie extérieure, qu'elles lui échappent pour ce qui appartient à elles seules, leur intimité, leur cœur, la conduite secrète de leurs affaires personnelles. On ne leur demande que d'observer les règles du jeu mondain, de se signer en entrant à l'église et de s'agenouiller à l'élévation. Cela fait, elles se considèrent justement comme libres et jugent à bon droit que, comme dit Jules Laforgue :

> Tout, et pas plus,
> Tout est permis.

Avant de conclure, je te parlerai brièvement de ceux qui n'ont pas le choix.

Voici X... que je citais aux premières lignes de ce chapitre. Personne ne répond moins au type de l'amant dont rêvent les femmes. Il est gauche, timide, embarrassé dans ses paroles et dans ses gestes.

Sa maîtresse est presque à l'automne de la vie; elle est lourde, empâtée, avec quelque chose d'accablé dans l'allure, la bouche molle. Elle a un mari. Quel mari? La vulgarité même, non seulement dans les traits, mais dans l'esprit, dans les manières. L'amant est un être délicat. Pourtant il accepte le mari; il accepte sa familiarité; il est chaque jour plusieurs heures chez sa maîtresse; il mène la vie du ménage; il fait partie de la maison. Dix fois par mois il a les nerfs exaspérés, il est sur le point de cracher son dégoût à la figure de cet homme grossier. Pourtant il reste. Il est torturé, mais il reste. Il se résigne à subir toutes les malpropretés, petites et grandes, de la vie commune. Et, ayant supporté tout cela, il supporte aussi la femme qui a vieilli, qui est laide, défaite...

Pourquoi?

Parce qu'elle est pour lui, la Femme. Il n'en a jamais eu d'autre; il sent qu'il n'en possédera jamais une autre. Il n'est pas taillé pour la conquête, pour monter à l'abordage. Il est gêné en présence des femmes, elles l'effraient, il ne sait leur parler. Qu'avait-il connu jusqu'alors? Les filles misérables qu'il a pu s'offrir aux jours où son sang bouillonnait, des femmes sans âme et sans linge. Puis il a rencontré enfin celle qui devait être sa maîtresse. C'était une femme qui s'ennuyait, comme elles

s'ennuient toutes. Elle attendait un homme;
il est venu. Qu'a-t-il fallu pour qu'ils tom-
bassent dans les bras l'un de l'autre, quelle
lassitude chez elle, quel désir exaspéré chez
lui, quelle longue attente pour tous deux? Un
jour, avec la brutalité d'un timide, il l'a assail-
lie. Et dès lors, ils ne se sont pas quittés. Il
lui a donné tout ce qu'il avait économisé, sa
tendresse jamais dépensée, son désir d'intimité, les caresses auxquelles il avait rêvé.
Il n'avait rien gâché auprès d'autres. Cette
femme fut pour lui toutes les femmes. Il ne
la quittera jamais quoi qu'il ait à supporter
auprès d'elle; où irait-il? L'amour est mort
entre eux; des habitudes en ont pris la place.

Ils vieillissent ainsi, à trois.

C'est horrible.

Cet autre vit avec une misérable fille
ramassée on ne sait où, dépourvue de beauté,
de charme, de jeunesse, d'élégance, de distinction, d'esprit, de culture, un pauvre je ne
sais quoi, un quelque chose sans nom, qui a
traîné dans la misère et qui restera éternel-

lement misérable. Mais quoi ? c'est une femme
et il n'en a pas d'autre ; il en souffre ; il la
garde.

Et maintenant, à la conclusion.

Je sens que tu me reproches trop de prudence. Tu es audacieux. Les jeux dangereux
t'attirent ; tu frémis d'impatience à l'idée de
courir à la vie et de te mesurer avec elle. Et
voilà qu'en face de l'amour, je te construis
des positions défensives ! Je te dis : « Ne fais
ni ceci, ni cela. Réserve-toi, comme le veut
Montaigne, une arrière-chambre qui soit
toute tienne. »

C'est vrai. Je te veux fort contre l'amour...
Écoute-moi une minute encore.

Tu veux aller en mer. Choisiras-tu pour ta
première sortie un petit bateau étroit et sans
quille ? Partiras-tu sans avoir étudié la côte
et les récifs ? Vas-tu te déchirer, en vue du
port, sur un écueil que tous les marins connaissent ? Veux-tu qu'au premier coup de
vent, ta barque capote et te jette à l'eau ?
Veux-tu finir ainsi misérablement sans avoir
vécu ? — Non.

Choisis un fort et souple voilier, bien lesté, bien gréé. Apprends à le manœuvrer, à virer, à marcher à toutes allures, à profiter de la moindre brise, à le tenir d'une main ferme au plus près du vent, couché à demi sur les flots. Je veux que tu saches lire une carte marine, éviter les courants dangereux et les écueils où la mer blanchit. Quel que soit le temps, et le vent sifflât-il en bourrasques, tu quittes le port. Tu files dans les tourbillons comme les grands oiseaux de tempête. Le danger ne t'effraie pas ; loin de le fuir, tu le cherches.

Maintenant je te permets de quitter la rade abritée où je t'ai appris à naviguer. Maintenant tu peux aller au large, loin de toute terre ; maintenant tu peux braver les orages, car tu es un homme, et c'est en homme que tu joues librement ta vie, plus loin, toujours plus loin, là où il n'y a plus que le ciel et que la mer.

V .

LES FEMMES

Il n'y a que des individus. Pourtant ne nous interdisons pas le plaisir de généraliser et de classifier.

Voici trois classifications qu'on peut proposer pour les femmes. La première, la plus grossière, séparerait les femmes d'après le nombre des hommes qu'elles ont eus dans leur vie.

Nous aurions d'abord la femme d'un seul homme.

Il est des femmes de cette catégorie qui ont connu deux amours, les grands combats, la joie d'être aimées et la torture de ne l'être plus. Elles ont lutté et souffert, mais ne se sont données qu'une fois. D'aucunes ont sacrifié à Dieu l'homme qu'elles auraient adoré. Il y a dans leurs rangs les femmes auxquelles le devoir fait entendre une voix plus impérieuse que celle de la passion. Il y a celles, si rares, qui n'ont aimé qu'un homme et dont la vie a été remplie, chose admirable, par un seul sentiment.

Mais cette classe renferme aussi le lot innombrable des femmes-troupeau, les éternelles esclaves, celles qui acceptent tout sans réagir, avec résignation. De tempérament et de sensibilité médiocres, la passivité est leur lot. Ce sont elles qui transmettent à la race les qualités de soumission, de respect, de prudence, qui sont utiles, mais devant lesquelles il est difficile de s'enthousiasmer. Ces qualités sont d'ordre social. Une collectivité de gens parcimonieux fait un pays riche. Mais un homme avare montre une grande bassesse de caractère.

Qu'on ne me demande pas de m'incliner devant une femme qui n'a jamais aimé. Je me refuse à prendre la frigidité pour une vertu.

La seconde classe est composée des femmes

qui ont eu deux hommes dans leur vie, et pas plus.

Le premier est le mari qui a été choisi le plus souvent par amour. Mais qu'est-ce qu'un amour de jeune fille, si intense soit-il, et au devant de quelles déceptions ne court-il pas? Deux ou trois années se passent; l'amour disparaît dans les cahots de l'existence conjugale. Voici une femme qui, toute jeune, a devant elle une longue vie plate, morne, privée de la seule chose qui ait de la valeur à ses yeux. Elle se désespère. Pourtant elle sent en elle une force qui ne se laisse pas abattre, qui ne veut pas mourir. Mais quoi! elle n'est pas faite pour les aventures; elle se résigne... Au moment où elle a cessé d'espérer, elle rencontre enfin un homme. Son cœur qu'elle croyait mort tressaille; de nouveau la vie tumultueuse coule à grands flots dans ses veines. Elle aime, elle aime cette fois-ci d'un amour averti; elle n'est plus l'enfant innocente de jadis; elle se met à l'épreuve, longtemps : elle se donne enfin, parce qu'elle est sûre que c'est pour toujours... Elle joue sa dernière chance de bonheur.

Et si elle perd?... Tant pis , tout est fini.

Elle ne s'accorde plus le droit de se tromper; elle sait qu'il y a des expériences qu'on
ne recommence pas indéfiniment sans y
laisser des choses auxquelles elle accorde une
valeur inestimable.

Viennent maintenant les femmes qui ont
eu plus de deux hommes. A partir du second
amant, il est difficile, et peut-être inutile,
de vouloir établir un compte. Le passage de
un à deux ne va pas sans luttes; celui de
deux à trois est infranchissable pour certaines femmes. Mais après trois, pourquoi pas
quatre? Celles qui se sont affranchies, qui
mènent une vie libre, ont acquis le droit d'agir
à leur guise et de suivre leurs passions.

Mais je vois une autre classification que je
préfère.

On pourrait diviser les femmes en deux
classes seulement :

    celles qui ont du courage,
    celles qui en manquent.

Il n'est peut-être pas de femme qui ne se

soit trouvée à une heure de sa vie dans la
nécessité de prendre un parti courageux ou
de renoncer à l'amour. L'amour — et c'est
sa grandeur — ne va pas sans dangers. Si
on veut le suivre, il faut quitter la route aisée,
bien tracée, où l'on chemine avec les autres,
sous la protection des gendarmes, pour se
jeter hardiment sous bois, à l'aventure, arrive
ce qui arrive. Le pays que l'on parcourt alors
est plein de périls; il faut se cacher, faire
attention à mille choses auxquelles on ne
pense point sur la grande route. On risque
de tomber dans des fondrières et de se casser
le cou.

Oui, l'amour n'est pas la petite chose facile
et innocente que certains imaginent; le souvenir des mille tragédies qu'il a causées revient à l'esprit au moment où l'on hésite.
Se mettra-t-on en lutte avec la société?
Est-on prêt à sacrifier les biens auxquels on
est attaché, sa réputation, et plus encore, les
liens de famille, ses enfants, peut-être? Ces
avantages matériels et moraux, vous en dres-
sez la liste. Le total donne à réfléchir. En face,
il y a l'amour, tout nu. Oserez-vous prendre
parti, risquer tant, sacrifier en pensée — cela

suffit — des choses si précieuses et vous jeter où ? Dans l'inconnu.

Ici beaucoup de femmes reculent. Elles ont peur. Elles sont lâches. Elles renoncent à l'amour.

Mais les autres ne balancent pas. Elles ont de la vertu, au sens antique du mot, au temps où il signifiait « courage ». Il y a souvent de la grandeur d'âme, des qualités héroïques chez celles qui, ayant vu devant elles le carrefour redoutable, ont choisi l'amour et en ont accepté les dangers.

Voici enfin une troisième classification (on pourrait en proposer à l'infini).

D'une part, les femmes qui débutent par un sentiment. Elles ne se donnent qu'à l'homme qu'elles aiment. Le sentiment est leur seul guide, la loi suprême. Où il est absent, il n'y a que débauche. Où il brille, il purifie tout. C'est un signe presque divin. « Je l'aime » disent-elles, et tout le reste s'en suit. Leur cœur a parlé, elle obéissent joyeusement. Chez certaines le cœur ne parle qu'une fois ou deux ; chez d'autres il ne cesse de s'émouvoir et

l'on voit des femmes aimer successivement,
et à chaque fois d'une exclusive passion, plusieurs douzaines d'hommes.

D'autre part, voici les femmes qui n'ont
pas besoin d'aimer pour goûter les plaisirs
de l'amour. Elles les prennent au hasard des
rencontres. Elles regardent un homme; il
leur plaît; elles sont émues; leurs yeux brillent; leurs lèvres deviennent humides; elles
se donnent à lui (Exemple : la femme que
l'on a dans sa voiture, en la raccompagnant
du théâtre où on l'a rencontrée, le soir
même, pour la première fois). S'il y a mal
donne, elles recommencent ailleurs, jusqu'à
ce qu'elles trouvent qui les satisfasse. Elles
ne sont, du reste, pas incapables d'aimer.

Chez les premières, le choc premier est sentimental. Pour les secondes l'émotion est purement physique; elles pratiquent l'amour
comme l'ont fait, à une époque de leur vie,
tous les hommes.

Il y a enfin les femmes qui trafiquent de
leur corps et s'en servent pour améliorer
leur situation financière ou mondaine.

Mais cela, c'est encore une autre histoire,
et nous ne l'entamerons pas.

11.

LES FEMMES ET LE MONDE

« Prendre la femme d'autrui. » Cela laisse supposer que la femme appartient à quelqu'un d'autre qu'à elle-même. Au fond nous sommes esclavagistes.

Il y a des femmes auxquelles le monde interdit d'avoir un amant; il en est d'autres auxquelles il permet un seul amant; il en est qu'il contraint à se cacher, tandis que certaines s'affichent impunément; il y a des femmes qui sont notoires par le nombre de leurs liaisons; d'autres par la qualité exquise de leurs amants; il est des femmes désintéressées et d'autres qui ne le sont point.

Le monde tolère tout ou ne passe rien, suivant ses caprices. Pour le monde comme pour la nature, le mot justice n'a pas de sens. Pourtant il juge, et ses arrêts sont sans appel.

Que les femmes qui n'ont d'autre règle que leur plaisir m'écoutent et soient assurées qu'il faut sauver toujours, et encore, et partout, et contre l'évidence même, les apparences.

Qu'elles imitent le royal exemple de Jupiter qui, tout maître des dieux et des hommes qu'il était, s'entourait d'un nuage alors qu'il faisait l'amour.

Elles ne se doutent pas du demi-sourire qui accueille leur nom lorsqu'il est prononcé en société : « Mme B..., une femme facile. »

Mme B... entre dans un salon.

— Je vais lui demander des nouvelles de R..., me dit un ami.

— Gardez-vous en bien. Elle est avec S... depuis un mois. Si vous voulez des nouvelles de ce dernier, hâtez-vous, car elle n'a pas encore épuisé l'alphabet.

La femme fait elle-même son prix. Elle serait bien sotte de ne pas le fixer le plus haut possible, ne serait-ce que pour flatter la vanité de l'homme. — « Voyez ce que je vous donne et mesurez la grandeur de votre victoire. »

C'est pourquoi nous lui savons gré d'essayer à chaque fois, avec une constance qui ne se lasse pas, de nous persuader que nous sommes son premier amant. Nous ne la croyons pas, mais l'insistance avec laquelle elle nous le répète a quelque chose de flatteur. Nous en arrivons à imaginer que, s'il y en a eu d'autres, ils ont été des accidents, tandis que nous sommes, nous, !'homme nécessaire.

Il ne faudrait pourtant pas qu'une femme fît trop de manières. On voit le ridicule d'une femme qui met très haut quelque chose dont personne ne cherche à s'emparer.

Ayons le courage de le dire : Une femme qui est bonne, qui aime ses enfants et s'occupe d'eux, qui aime son mari et son foyer, ne devient pas une marâtre, une mauvaise épouse, une coureuse parce qu'elle a rencontré un homme qui a su lui plaire.

Hélène a trente ans. Elle est belle, mais on l'aimerait, même si elle n'était pas belle, à cause de sa bonté. Elle n'a pas de fortune et vit simplement dans un monde qui n'est pas simple. Vingt hommes lui ont fait la cour sans succès ; quelques-uns lui ont laissé entendre que le luxe lui était dû et qu'ils voudraient le lui assurer. Hélène les a renvoyés.

Hélène a un secret. Elle aime. Après un an de luttes, elle se donne à celui qu'elle aime. Pas un instant elle n'a pensé qu'elle avait le droit de sacrifier à son amour ses enfants et son mari, à qui elle tient par mille liens d'affection, d'estime, par mille souvenirs. Elle mène chez elle la même vie que par le passé; elle est bonne comme autrefois, et simple, et tendre. La crise qu'elle a traversée, elle a eu la force de la garder au-dedans d'elle; elle a lutté et souffert sans qu'aucun des siens s'en aperçût. Du même cœur, elle s'intéresse à son mari, à ses enfants; ils sont heureux et ne sauraient se passer d'elle. Les quelques heures qu'elle leur dérobe, dans la semaine, quel mal font-elles aux siens, à elle-même?

Pourtant Hélène n'est plus une honnête femme.

Mme V... est laide et riche, avare, en outre. Son esprit est pointu comme un bâton ferré qui, où qu'on le pose, s'enfonce. Habile à deviner les dissentiments naissants, elle sait les envenimer et a brouillé dix ménages. Elle est le désespoir de son mari, la terreur de ses enfants. Intransigeante de vertu, elle n'admet aucune excuse à aucune défaillance.

Elle porte la tête haute et se vante de n'avoir pas failli ; elle n'ajoute pas que personne, jamais, ne l'y incita.

Mme V... est une honnête femme.

DU NATUREL ET DU SNOBISME

Un défaut auquel rien ne remédie chez la femme est le manque de naturel.

On peut être duchesse, avoir deux millions de rentes, et garder du naturel.

Une petite bourgeoise peut être infectée de snobisme. Nulle part le snobisme n'est plus redoutable que chez les parvenus mondains. Comment le comte de L... qui, hier encore, était M. L... et assez méprisé, qui a acheté un titre de comte au Pape lorsqu'il eut touché les trente millions de dot de sa femme, ne se sentirait-il pas obligé de prendre des airs et d'adopter un ton cérémonieux dans sa maison ? Il lui faut bien être arrogant vis-à-vis de ceux qui, la veille, étaient ses égaux et qu'il considère aujourd'hui comme ses inférieurs, mais le duc de R... n'a aucune raison de chercher à améliorer sa position mondaine. Il voit qui il lui plaît, des gens intelligents s'il est intelligent, des imbéciles s'il est court d'esprit. En tout cas, il choisit suivant son goût. Personne, en effet, ne conteste sa situation. Chacun sait d'où il vient et que ses aïeux furent de parfaits courtisans de Louis XIV, le plus grand de nos rois.

C'est pourquoi il faut fuir les gens qui ne songent qu'à se pousser dans le monde. Il ne peut y avoir chez eux aucun naturel. Et les femmes sont ici plus terribles que les hommes. Elles ont des existences plus vides que les nôtres et cherchent à les remplir par les satisfactions de vanité mondaine. Un échelon à gravir, puis un de plus, voilà ce qui trop souvent les occupe.

Le grand défaut du snob est de juger par classes. A un certain titre correspond pour lui une certaine valeur personnelle. Rien de plus inepte.

Les gens intelligents et orgueilleux ne consentiront jamais à ne pas juger eux-mêmes, et individuellement, ceux avec qui ils se trouvent. Ils se refusent à se déclarer inférieurs à tel ou tel parce que titré et riche.

Le snobisme, au fond, n'est autre chose que le respect des grandes situations. Êtes-vous respectueux ou ne l'êtes-vous pas? Êtes-vous résolu à juger toutes choses par vous-même? Voilà ce qui décide de la question.

Aussi les variétés du snobisme sont-elles nombreuses.

Voici le snob mondain. On l'a décrit à satiété; en face de lui, il y a le snob anti-mondain. Je me souviens que, pendant mon adolescence, il y eut un moment où, dans le petit cercle de littérateurs sans barbe que nous formions nous étions ces snobs-là, et, par haine du convenu et du « Bourgetisme », nous déclarions seules dignes d'intérêt les âmes des cuisinières.

Notre bêtise, pour être désintéressée, n'en était pas moins grande que celle des snobs mondains, et peut-être plus.

Voici le snobisme intellectuel. Les femmes qui en sont atteintes sont insupportables. De toutes, la prétention d'avoir de l'esprit, de penser finement ou supérieurement, est celle qui se tolère le moins. Ah!

le terrible effort qui avorte! La flèche imbécile qui tombe avant d'être arrivée au but alors qu'il serait si simple de ne pas viser plus loin qu'on ne peut atteindre! Voyez ce qu'est une femme pour qui l'amour est une occasion de faire de l'esprit!

Une femme spirituelle est délicieuse tant qu'elle reste, simple ou compliquée, elle-même. Mais veut-elle briller, chercher l'effet et le succès? Quel tact il lui faut garder! Que de dangers alors dans les applaudissements qu'on lui prodigue! Au milieu de ce concert brillant une fausse note, et tout est gâté.

Et nous avons encore le snobisme sentimental, le snobisme artistique, et tous les autres...

Fuyons les snobs.

LE PREMIER DEVOIR DE LA FEMME

On reproche aux femmes de s'occuper trop de leur beauté, d'user le temps dans le soin minutieux d'elles-mêmes.

Ce reproche tombe à faux.

Le premier devoir de la femme est de

plaire à l'homme, de le gagner d'abord, de le garder ensuite. Elle sent que c'est la grande tâche qui lui est dévolue, que sa vie doit être faite par l'amour, que son bonheur en dépend. C'est ici que se joue sa partie; c'est ici qu'il faut vaincre ou mourir.

Le reste ?... le reste est accessoire.

Les femmes qui dépensent toute leur activité sur d'autres champs, dans les œuvres charitables, aux cours, dans les arts si improprement appelés d'agrément, sont des femmes à qui l'amour a manqué, qui ont perdu l'homme qu'elles aimaient ou qui n'ont pas rencontré celui qui aurait été à lui seul une raison suffisante de vivre. Si elles avaient ce qu'elles désirent (souvent inconsciemment) comme elles quitteraient malades et livres, et travail ! Ne l'ayant pas, elles cherchent à s'étourdir et se créent des buts artificiels.

Plaignons-les, sauf quand elles affectent de mépriser l'amour. Nous ne sommes pas dupes alors, disons-le, de leurs manières hautaines, de ce détachement qualifié par elles de supérieur.

Quelle religion a jamais demandé à la femme plus de sacrifices que la coquetterie ?

Aucune religion en a-t-elle obtenu de plus grands ? Corsets serrés, talons hauts, cols qui étouffent, robes incommodes, chapeaux énormes, vous valez tous les cilices et toutes les mortifications. Mais comme la femme fait joyeusement ces sacrifices au seul dieu qui existe pour elle : sa beauté !

Il y a chez certaines femmes le désir inconscient d'imiter l'homme pour mieux lui plaire. Elles essaient de se rapprocher de lui pour le gagner plus sûrement. Elles développent en elles le goût du sport, des exercices violents, ou de l'intelligence et des travaux sérieux. Elles font un faux calcul. L'homme recherche dans la femme ce qu'il n'a pas lui-même, les qualités qui sont proprement féminines. L'homme le plus viril désirera la femme la plus essentiellement femme. Il est vraisemblable que le sportsman tombera amoureux d'une femme inhabile au sport et que l'homme sérieux préférera une femme frivole.

LES CARESSES

Il y a un abîme entre pas de caresses et la plus innocente des caresses. Il n'y a que des degrés faciles entre la plus innocente des caresses et la caresse suprême.

C'est pourquoi les familiarités que tant de femmes permettent et auxquelles elles n'attachent aucune importance sont si dangereuses pour elles, lorsqu'elles se trouvent en face d'un homme habile et passionné.

— Tels et tels me baisent la main, dit Irène, ou le bras, me prennent même, oh ! en riant, par la taille; d'autres sont entrés dans ma chambre, alors que j'étais couchée. Êtes-vous pervers au point de voir du mal là où il n'y a que bonne camaraderie?

— Irène, croyez-moi, rien n'est plus dangereux que cette facilité de commerce qui vous paraît naturelle. Vous n'avez plus le droit d'interdire ces premières caresses innocentes à d'autres qui sauront en profiter, à Jacques, par exemple. Il est beau, grave et décidé; il a le prestige de victoires nombreuses. Vous l'avez rencontré chez des amis. Il n'a causé qu'avec vous et de la façon la plus sérieuse. Sans que vous le sachiez, il vous intéresse déjà. Le voici qui arrive chez vous pour la première fois. Il est venu de bonne heure pour vous trouver seule. Il entre, il prend votre main, il la baise longuement. Il y a façon et façon de baiser la main d'une femme... Vous vous asseyez; il s'assied trop près de vous. Un moment après, il regarde vos bagues qui sont anciennes; il est connaisseur; il le dit, il faut le croire. Sans y songer, vous tendez votre main, imprudente Irène. Il la tient maintenant; il ne vous la rendra pas de si tôt. Voyez-le penché sur vous; il regarde les bagues de si près que son haleine passe sur votre main et que

quelques poils fous de sa moustache par instants vous chatouillent ou vous caressent, on
ne sait. Sa main presse un peu la vôtre. In-
volontairement?... Sans doute. Paraîtrez-vous
vous en apercevoir?... Non, ce serait laisser
voir que vous lui supposez une intention, et
cela est dangereux. Il y a entre vous, maintenant, un malaise... Vous retirez votre main,
enfin. Avant de la lâcher, il baise non plus
la main, mais le poignet. — Du coup, vous
allez protester. Vous le regardez. — Aucune
trace d'embarras, ni de fatuité non plus, sur
sa figure régulière. Allons, Irène, vous lais-
serez passer cela encore... Vous causez maintenant. En quelques minutes, il sait la chose
précise qu'entre toutes vous désirez voir à
Paris; il en connaît le propriétaire, il vous
y conduira; fixez votre jour. Rien n'est plus
simple... Rien n'est plus simple, en vérité.
Pourtant vous hésitez, Irène. — Il insiste.
Qui vous retient? Voyez-vous à cela quelque
mal? — Il n'y a rien de mal, en effet. —
Alors? — Cependant. — C'est oui. — Il se
lève, il est si près de vous que sa hanche
frôle la vôtre; il vous baise les deux mains,
cette fois-ci; il est parti.

Vous êtes troublée, Irène. Pourquoi? Vous ne vous reprochez rien. Il n'y a rien eu entre vous dont votre conscience puisse s'alarmer. Deviendriez-vous prude jusqu'à empêcher qu'on vous baise les mains? Ces mêmes gestes, d'autres les ont faits cent fois. Pourquoi ont-ils pris, aujourd'hui, un sens nouveau?... Vous vous croyez peut-être être dupe de votre imagination. Jacques ne songe pas à moi, pensez-vous. Il a tant de femmes. Que viendrait-il faire ici?... Pourtant il est venu. Il ne vous a fait aucun compliment, mais vous sentez encore la pression douce et tenace de sa main... Décidément, vous n'irez pas avec lui voir cette collection privée. Vous l'en avertirez par un mot, la veille... Le jour vient et vous n'avez pas écrit. Vous voilà tenue d'aller au rendez-vous. Au fond de vous-même, secrètement, vous en êtes heureuse. Pourtant, vous ne vous l'avouez pas. Vous mettez à votre toilette plus de soin encore qu'à l'ordinaire. Vous partez... Irène, Irène, que faites-vous? Pour Dieu, n'acceptez pas de monter dans sa voiture, ou vous êtes une femme perdue.

L'ÉPREUVE DU LIT

A nu, une duchesse et une blanchisseuse montrent ce qu'elles sont. Il n'y a plus ici ni rangs, ni prérogatives.

L'amour révèle l'être lui-même et le ramène à la mesure commune du lit. Épreuve sévère et devant laquelle plus d'une tremble.

QUELQUES FEMMES

Elle a toujours regardé l'homme qu'elle aime à la dérobée, en se cachant. Elle ne peut supporter son regard; il entre en elle, lui fait mal.

Loin de lui, elle n'est pas heureuse. Elle ne pense qu'au moment où elle le reverra. Pourtant elle a, lorsqu'elle est seule, des moments exquis. Elle se dit alors : « Je lui appartiens, je l'aime. Il fera de moi comme il voudra. Quand je serai près de lui, je le couvrirai de baisers. » Et, de loin, elle a toutes les audaces.

Aujourd'hui elle reçoit. Depuis le matin elle est joyeuse; elle sait qu'il viendra la voir. Elle a du monde autour d'elle; elle s'anime... Il entre; subitement elle se tait, elle se détourne de lui; c'est une main morte qu'elle abandonne à ses lèvres. Il lui parle, son malaise augmente, elle voudrait qu'il s'en allât. « Pourquoi est-il venu? se dit-elle. N'est-ce pas absurde d'être troublée à ce point? » Elle lui répond brusquement, avec dureté.

Elle lui en veut du désarroi où il la jette : « Qu'est-ce que cette tyrannie qu'il exerce sur moi sans mot dire? Il n'a qu'à paraître pour que je n'ose plus ouvrir les lèvres. Pourquoi est-ce que je l'aime? J'ai vu des hommes plus beaux. D'autres sont plus tendres; ils ont pleuré à mes genoux et m'ont offert leur vie. Mais il est venu, il n'a rien dit, il m'a regardée, et j'ai senti que je lui appartenais. Comme il est sûr de lui! Je hais ce calme qui ne se dément pas au moment où je m'affolle. Il est ici avec moi comme il est avec les autres; entre elles et moi il ne fait aucune différence; il semble que jamais il ne m'ait tenue dans ses bras. Ou bien ces autres, les a-t-il serrées passionnément aussi sur son cœur?... Je le déteste ! »

Et bientôt il prend congé d'elle. C'est comme si la vie l'abandonnait... Il n'y a plus personne pour elle dans le salon, elle n'écoute rien ; elle le suit des yeux ; elle le voit marcher dans la rue, de cette démarche sûre de soi qui est la sienne, et les femmes qu'il rencontre, il les perce de son regard aigu...

Celle-ci est de taille médiocre, la figure large, la mâchoire lourde, le teint mat, les cheveux noirs, un peu gras, de même que la peau. Elle a les yeux longs, les arcades sourcilières bien arquées, le nez aquilin, mais charnu et sans finesse, la bouche grande, les lèvres épaisses, rouges et humides, les dents jolies. Elle parle haut ; la voix est, comme la personne, commune.

Elle évoque, dès qu'on la voit, des idées lubriques et triviales. Elle est riche et montre de beaux bijoux. Pourtant on l'imagine tout de suite à sa place, éclairée par la lumière blafarde d'un globe électrique, parmi les passants en quête d'amour, sur le trottoir.

Mais c'est dans un salon qu'elle entre, d'une allure décidée. Il faudrait que la société y fût bien peu nombreuse pour qu'elle n'y rencontrât pas un homme ou deux devant qui elle s'est dévêtue. Cette idée ne la trouble pas. Elle aborde sans gêne ses anciens amants. Elle ne montre aucun embarras; elle ne se souvient de rien, sauf qu'elle les a eus, ce qui est une raison suffisante pour ne les avoir plus.

Elle fouille le salon et passe en revue les visiteurs. N'y aurait-il là personne pour elle?... Mais soudain elle découvre le jeune vicomte de P... Il a dix-neuf ans à peine; il débute, il est candide et vigoureux, novice aux choses de l'amour et plus embarrassé dans un salon qu'une jeune fille. Elle s'approche de lui ; elle lui assène un regard si direct qu'il baisse les yeux, intimidé... Maintenant elle est assise dans un coin écarté de la pièce, près de lui, si près, qu'en parlant, elle le touche et que sa jambe s'appuie sur le pantalon noir du jeune homme. Il sent que son destin va s'accomplir, qu'il est un jouet entre les mains expertes de cette femme. Il tremble, à la fois de peur et du désir de la chair qui point en lui... Il avait rêvé pour ses débuts d'autres étreintes ; il songeait à une jeune amie dont la candeur égalerait la sienne, tandis que le voici enfiévré sous les regards impudents de celle qui le presse.

Allons, enfant, laissez-vous faire. Lorsque votre digne mère apprendra par son amant la bonne fortune qui vous échoit, elle se félicitera à la pensée que votre initiation à l'amour ne vous coûte rien, qu'elle vous rapportera, au contraire, quelques bijoux de prix, des boutons de chemise, une épingle de cravate, voire même, si vous vous en êtes rendu digne et si vous avez égalé les exploits de quelques notables prédécesseurs, un beau chronomètre en or et qui sonne les heures.

Elle n'a pas eu d'amant. Elle n'aura pas d'amant. Pourtant elle a été aimée passionnément. Des vies se sont assombries à cause d'elle. Elle a aimé, elle-même, presque à en mourir. Mais, au moment de s'abandonner, elle a eu un instant d'hésitation, elle s'est reprise avant de s'être donnée... Et maintenant, tout est fini.

Deux ans après la crise, son mari est mort. Mais l'autre avait disparu très loin, plus loin qu'en province, ou qu'à l'étranger, dans l'alcool... Elle est restée seule avec une fille qu'elle élève elle-même.

Elle ne parle pas du passé; elle ne se plaint pas. Mais il suffit de la voir pour comprendre qu'elle a été un jour jusqu' « aux sombres bords » d'où l'on revient pâle à jamais. Ses gestes disent la lassitude de ce voyage si douloureux qu'aucuns sommeils n'en effaceront le souvenir. Sa voix douce, retenue, effacée, a parfois une vibration soudaine et riche qui surprend; dans le regard on lit quelque chose de profond, de muettement désespéré, de par delà les mots. Mais on devine derrière le visage fier et résigné, une âme intense, qui, malgré les blessures, ne veut pas mourir.

Elle n'aura pas d'amant. On pourrait croire qu'aujourd'hui elle s'accorde au moins le plaisir sans danger de voir librement les hommes qu'elle préfère. Mais non. Vivant dans un monde où l'on se passe tout, elle ne se permet rien. Elle soutient quotidiennement la gageure d'être celle que la médisance même ne peut effleurer. Elle surveille ses démarches les plus innocentes. Si elle se plaît à la compagnie d'un ami, elle sera attentive à n'être pas vue en public avec lui; elle fuit les apartés, ne l'invite qu'avec la grande liste, ne l'a pas à côté d'elle à ses diners du samedi; elle ne le rencontre ni aux Acacias le matin, ni aux thés de l'après-midi.

Ce n'est pas à cause de sa fille qu'elle agit ainsi, mais elle soutient qu'une honnête femme ne doit pas l'être uniquement dans le secret de sa vie et pour elle seule, qu'elle doit avoir de l'honnêteté non seulement le fond solide, mais aussi toutes les apparences.

On ne peut avoir pour elle des sentiments médiocres. Elle force l'estime; si on l'aimait, ce serait d'un cœur nouveau.

Peut-être aimera-t-elle encore? Et pourquoi pas? N'y a-t-il pas derrière ces yeux fatigués un feu qui couve encore? S'est-elle résignée jusqu'au fond d'elle-même? A-t-elle tué vraiment le vivace espoir? Si elle aime, personne n'en saura rien. Elle se cachera de tous et surtout de celui qu'elle aura distingué. S'apercevra-t-il du sentiment qu'il a éveillé? Osera-t-il supposer qu'elle aussi est une femme, après tout, et faible, comme les autres ?...

Les fées se réunirent autour du berceau de cette enfant. L'une après l'autre, elles parlèrent.

La première dit :

— Le plus grand des dons, je te l'accorde. Tu seras belle parfaitement, de la pointe du pied jusqu'aux cheveux abondants et lourds.

La seconde :

— En plus de la beauté qui peut rester glacée, je te donne le mouvement et l'expression.

La troisième :

— Tu ne cesseras de t'intéresser aux spectacles qu'offre la vie.

La quatrième :

— Tu auras l'avantage de connaître des fortunes diverses et finalement tu seras, jeune encore, riche, très riche.

La cinquième :

— Tu comprendras les choses de l'esprit.

La sixième :

— Tu sentiras vivement le rythme de l'art, qu'il soit musique ou plastique.

La septième :

— Tu t'habilleras avec un goût hardi et parfait.

La huitième :

— Les hommes les plus célèbres de la ville voudront te connaître et t'entourer.

La neuvième :

— Tu seras aimée à la folie.

Ayant ainsi parlé, les neuf fées s'inclinèrent sur le berceau de cette enfant dont elles voulaient assurer le bonheur et dirent: « Nous n'avons rien oublié, au moins. Il n'est pas de surprise possible. Notre parente pauvre ne pourra pas faire de mal ici.» Ces paroles prononcées, elles s'en furent.

Apparut alors la triste fée des mauvais présents. Elle regarda cette enfant à qui tant de dons et si grands avaient été apportés. Elle secoua la tête lentement et dit:

— Mes sœurs étourdies ont oublié le cadeau le plus précieux, celui sans lequel tous les autres sont vains. Tu seras belle, intelligente, sensible, riche et aimée, comme il

t'a été prédit, mais tu ne seras pas heureuse...
Tu comprendras tout, mais tu ne t'attacheras
à rien; tu éveilleras les désirs des hommes,
en toi aucune flamme ne brûlera; ils te pren-
dront, tu ne te donneras pas. Il te manque,
hélas! le don suprême, celui de la sensualité
que rien ne remplace; à celle qui ne le possède pas, l'univers reste fermé... La plus
simple fille du monde, qui, gardant les trou-
peaux dans les pâturages, tressaille à voir
venir lentement à travers champs le garçon
de ferme qu'elle aime, qui s'étend sous lui
derrière une haie parce qu'il fait une lourde
chaleur en elle et au dehors, connaît un bonheur plus grand que tu ne pourras jamais
l'imaginer.

Et la fée s'éloigna, accablée de tristesse;
bien qu'elle fût une parente pauvre dans la
famille des fées, elle était bonne et ne pouvait s'empêcher de pleurer sur le sort de cette
enfant splendide qui ne connaîtrait pas
l'amour.

DE LA FATUITÉ DES FEMMES

On a beaucoup parlé de la fatuité des hommes. Occupons-nous de celle des femmes.

Les femmes feignent de croire qu'il est dans l'ordre de la nature que les hommes se meurent d'amour pour elles. Elles attendent les hommages, condescendent parfois à les accueillir. Il semble qu'elles n'aient que la difficulté de choisir entre tant d'adorateurs celui à qui elles feront la grâce insigne de le distinguer.

Comédie ! Comédie !... Les femmes jouent la comédie. Mais elles ne sont pas dupes de leur rôle. Elles savent que la fatuité leur est un masque utile sous lequel elle sont plus à l'aise pour livrer bataille.

En réalité la femme, au lieu d'attendre l'homme, va le chercher ; elle a mille tours charmants pour l'isoler, le flatter, le cajoler, le séduire ; elle lui donne une idée excessive de son mérite, lui montre de cent façons détournées qu'il lui plaît, qu'il est le maître, qu'il n'a qu'à se décider.

Ce manège de la femme est d'une difficulté inouïe ; mais notre souple compagne y déploie une prodigieuse habileté. Elle n'a pas un mot qui choque, pas une phrase dont elle puisse rougir, pas une attitude équivoque, pas un regard trop appuyé. Et pourtant, avec quelle grâce elle s'offre !... Comme elle sait se mettre en valeur, s'habiller, se laisser aller, se placer dans la lumière qui lui convient. Avec quel art elle opère ! C'est le triomphe des sous-entendus, des promesses jurées sans avoir été dites, des délices évoquées sans un mot, des gestes qui font entrevoir des paradis prochains, gestes si rapides, si hardis, si insaisissables, qu'on craint de s'être trompé et d'avoir mal vu ; on n'ose pas comprendre, pas plus qu'on n'ose interpréter un regard tendre autrement que comme le signe d'une grande innocence !... Auprès de la femme naïve qui veut plaire, les artifices les plus subtils de don Juan paraissent grossiers.

Pour comble de rouerie elles semblent se défendre ; elles obligent l'homme à attaquer, tant elles paraissent lointaines et sûres d'elles-mêmes.

Otez le masque.. Vous les verrez trem-

blantes à l'idée que peut-être elles ne sauront
ni attirer ni retenir celui qu'elles désirent.

JOSEPH

Nulle part on ne voit mieux le travail de
la ruse féminine que dans l'interprétation
traditionnelle de l'histoire de Joseph et de
l'épouse de Putiphar, car ce sont les femmes
éternellement occupées à défendre leurs positions et à les fortifier qui, en amour, créent
l'opinion.

Cette histoire pouvait leur être fatale ; elles
y faisaient piètre figure, s'y montraient sous
un jour vraiment fâcheux. Une femme, laissant tomber le masque, perdant toute pudeur,
s'offrant à un jeune homme et refusée par
lui !... Comment se tirer de là ?

Elles y sont arrivées, n'en doutez pas. Elles
ont jeté toute la lumière sur Joseph. La
femme reste dans l'ombre ; on ne l'aperçoit
pas ; on ne sait même comment elle s'appelle,
on ne voit que l'homme. Et cet homme —
c'est ici que la grandeur du génie féminin
apparaît — est irrémédiablement ridicule ; il

se montre dans une posture absurde; on ne le cite que pour s'en moquer. Elles ont accablé ce pauvre Joseph de leurs sarcasmes. Il est indéfendable. Du même coup elles ont créé l'opinion, si avantageuse pour elles, que, sous peine d'être déshonoré, un homme, non seulement ne peut pas résister à la femme, mais encore doit l'attaquer. C'est devenu un devoir pour l'homme bien élevé; le premier devoir de la politesse masculine.

Ainsi ont-elles travaillé merveilleusement pour leur sexe et réussi, dans des conditions défavorables, un admirable coup de partie.

POUR UNE FEMME SENTIMENTALE, DÉLICATE ET A SCRUPULES

Il y a une belle partie à gagner, et digne de don Juan, auprès d'une femme sentimentale, délicate et à scrupules, en lui tenant le discours suivant dont nous ne donnons que les grandes lignes :

— « Madame, un souci de loyauté envers moi-même et envers vous m'empêche de vous dire que je vous aime. L'amour, le grand amour dont les personnages de théâtre ont plein la bouche, c'est toute une histoire, et pas très claire. Je pourrais, comme un autre, vous adresser d'émouvantes phrases de lyrisme et de fausseté... Je ne le ferai pas. Je vous dirai avec simplicité que vous me plaisez infiniment et que je ne pense pas sans frémir au bonheur de vous serrer dans mes bras.

« Nous avons, Madame, horriblement compliqué la vie et l'amour. La plupart des hommes sont des malades. Il faut les fuir. Ils ont inventé, dans leurs humeurs noires, les scrupules dont nous mourrons, les remords qui nous empoisonnent, la peur qui sévit à l'état chronique. Quel mal ils ont fait à l'humanité !... Soyez sûre qu'il y a plus de douleur dans le monde par excès de scrupule que par trop de facilité. Regardez en vous-même ; voyez vos hésitations, vos terreurs. Vous ne savez plus être heureuse simplement, sainement. Vous ne vous êtes pas donnée, parce que vous cherchiez un impossible amour et comme, à chaque fois, vous n'étiez pas assurée de l'avoir trouvé, vous êtes restée sur la rive sans vous embarquer jamais.

« Je ne vous propose, moi, que le plaisir...

oui, le plaisir dont on a trop médit, qu'on affecte de mépriser, sans doute parce qu'on est inhabile à le cueillir, le plaisir qui est la joie riante de la vie...

« Il faut, il est vrai, qu'il ne vous coûte pas trop cher. Il ne faut pas lui sacrifier une réputation d'honnête femme que l'on garde si facilement en observant quelques élémentaires précautions. Il faut enfin être assurée que je saurai vous faire goûter la volupté sans risquer les suites que la nature y a voulues. Venez chez moi sans craindre ceci et cela.

« Venez chez moi. Vous êtes belle et fraîche comme le printemps... Vous résignerez-vous à vivre dans une triste solitude, loin du plaisir? Laissez-moi vous apprendre la volupté des caresses permises (elles le sont toutes)... Nous voyez-vous couchés l'un à côté de l'autre, nus, sur un lit, dans une pièce chaude et parfumée. Votre bouche cherche la mienne.... etc., etc. »

L'essentiel dans cette déclaration est d'éveiller des images sensuelles précises dans le cerveau de la femme, de les lui suggérer violemment, de façon à ce qu'elles s'imposent à elle, et réapparaissent nettes et émouvantes lorsque vous serez parti... Vous livrez ainsi un assaut vif, mais sans tenter aucun geste, et laissez la femme rêver à ce que vous lui avez dit... Attendez un peu. Si vous la rencontrez dans le monde, continuez à parler dans le même sens. Il vaut mieux retourner chez elle un peu tard que trop tôt. Car une occasion perdue se retrouve toujours, tandis qu'une attaque prématurée et repoussée met la femme en défiance et ruine vos chances de succès. Il faut, lorsqu'on livre l'assaut, être sûr de vaincre... Si c'est chez elle qu'elle vous reçoit, n'allez pas plus loin que le baiser sur la bouche. Il y a, à une victoire complète, mille impossibilités, les domestiques qui peuvent entrer, une visite qui survient; puis, même si vous l'obteniez, vous ne lui donneriez dans l'incomfort de son boudoir, tout habillés que vous êtes, qu'une insuffisante satisfaction, et souvenez-vous que, si vous ne lui avez promis que le plaisir, vous le lui devez au moins tout entier. Elle viendra donc chez vous le lendemain même du jour où vous aurez baisé ses lèvres.

Il est évident qu'il faut, pour réussir, que vous plaisiez physiquement à cette femme et qu'elle ait des sens. Mais cela se devine tout de suite...

LE SEXE INDISCRET

Le sexe indiscret, c'est le sexe féminin. Étrange contradiction : les femmes ont mille fois plus besoin du secret que nous; l'honneur public d'une femme est dans la chasteté qui, pour les hommes, n'est qu'une vertu ridicule; une femme a beaucoup à perdre à laisser voir dans sa vie, tandis que le plus souvent une bonne fortune connue sert un homme et le pousse dans le monde.

Pourtant on trouve plus de discrétion chez les hommes que chez les femmes. Ils ont un plus grand soin de l'honneur qui leur est confié. Ils ont l'habitude, par la vie qu'ils mènent, et souvent par obligation professionnelle, de garder des secrets !

Combien est-il difficile à une femme qui aime de cacher son bonheur ! Sans aller jusqu'à une inutile et dangereuse confession, elle a mille manières de faire savoir au monde quel homme elle préfère. La façon dont elle

le reçoit, dont elle lui parle ou ne lui parle
pas, la manière qu'elle a de chercher ou
d'éviter ses regards, tout est un aveu.

Pour combien de femmes une liaison va-t-
elle sans confidente, moins par l'obligation
où elles pourraient être d'avoir la complicité
d'une amie pour assurer mieux leurs sorties
que par la nécessité impérieuse de parler
de leur fièvre ?

On en trouve qui ont la force d'âme de
cacher leur bonheur. Mais, lorsque leur
bonheur se change, comme il peut arriver, en un désespoir affreux, où sont-elles
celles qui ont l'héroïsme de souffrir sans se
plaindre ?

On en a vu pourtant rester silencieuses,
impassibles dans le malheur le plus grand, et
supporter des tortures effroyables sans mot
dire. Personne n'a pu deviner la cause de
leur mal. Elles ont traversé l'enfer sans compagnon.

LE SECRET

Il est plus facile de tromper les gens qui
sont près de nous que ceux qui ne sont pas

mêlés au train quotidien de notre vie. Avec quelque habileté, on peut créer chez ceux qui nous tiennent de près un état d'esprit tel qu'ils interpréteront d'eux-mêmes dans le sens innocent que nous leur suggérons, les démarches, faits, gestes et paroles, les plus dangereux. Mais les autres voient de loin, en gros, — et juste.

LES ÉTERNELLES COURTIÈRES DE L'AMOUR

Lorsque les femmes ne font pas l'amour elles-mêmes, il faut qu'elles s'occupent de l'amour d'autrui. Elles servent d'intermédiaires, reçoivent et portent les lettres, inventent des prétextes, facilitent les sorties, créent des alibis. On en voit qui sont les éternelles courtières de l'amour sans se décider jamais à prendre une affaire à leur compte. Il leur suffit de vivre dans l'atmosphère trouble et chaude de l'adultère des autres. On les trouve prêtes, au jour voulu. Elles ne marchandent pas leur peine. Et, chose merveilleuse, elles sont plus capables

de garder le secret d'autrui que le leur
propre.

L'INCONSTANTE

« Souvent femme varie », « *Frailty, thy
name is woman* ». Ce sont des mots de poète.
En réalité le sexe inconstant est le sexe
masculi ·. Plus que l'homme, la femme s'attache par la possession. Entre deux êtres qui
s'aiment également, l'homme, le plus souvent, se lasse le premier et s'en va. Il laisse
derrière lui une femme affolée et prête à tout.
Dès lors, il n'est pas étonnant qu'elle mène
une vie désaxée. Mais la cause en est dans
l'abandon où la laisse l'homme, non dans la
nature de la femme. Les sexes ne sont pas
égaux. L'homme est fait pour conquérir,
posséder et courir à d'autres. La femme,
une fois possédée, en a pour un an ou deux
à se remettre en état de procréer. Quand
même nous trichons avec la nature, les lois
naturelles restent écrites au tréfonds de
notre être. C'est là seulement que nous
trouvons une base solide pour l'analyse. On
ne peut établir un raisonnement sérieux sur

des exceptions, sur des nymphomanes, ou sur quelques frigides benêts qui, où qu'on les pose, s'enracinent.

L'HABILETÉ SUPRÊME DE LA FEMME

L'habileté suprême de la femme est dans l'art de déplacer la question. Là, notre sœur plus faible l'emporte incomparablement sur nous ; les femmes les plus droites, les plus franches, celles qui sont incapables d'une ruse ou d'une dissimulation voulues, s'entendent merveilleusement à déplacer la question, à esquiver les responsabilités, non qu'elles agissent ainsi délibérément, qu'il y ait chez elles un calcul réfléchi, mais par le jeu inconscient de l'instinct qui triomphe dans la lutte avec le mâle.

La façon dont elles savent alors brouiller les choses tient de la magie. On n'y voit plus clair ; le blanc est devenu noir ; l'objet précis du litige a soudain été escamoté. Elles s'arrangent pour mettre l'homme dans l'impossibilité de leur adresser la moindre plainte, le plus petit reproche, de faire la plus lointaine allusion à ce qui les gêne, sous peine de passer pour un être sans cœur, sans délicatesse, positivement grossier.

Dans les cas les plus graves, lorsque le danger est sérieux, la femme tombe malade. Elle commence par jouer de ses nerfs, et finalement ses nerfs l'emportent; elle « fait » de la neurasthénie, pour employer l'expression si juste des médecins. L'homme n'a plus qu'à oublier ses peines et à ravaler ses griefs. Son rôle d'accusateur est changé en celui de garde-malade. Il soigne sa faible amie; il se ronge de souci pour elle; il cache sa propre souffrance; il faut qu'il rie, qu'il plaisante.

Les semaines passent, la malade se rétablit lentement. A la moindre menace d'orage, elle a une rechute.

Une fois que le temps a fait son œuvre et que tout danger est écarté, alors seulement elle se remet.

DE L'EXISTENCE DE DIEU

J'ai connu une femme qui avait perdu toute idée religieuse et jusqu'à la croyance à l'existence de Dieu. Elle rencontre un homme qu'elle aime, qu'elle admire. A voir un ouvrage si parfait, un si beau modèle de l'homme, elle ne peut imaginer qu'il ait été formé par le hasard des combinaisons aveugles de la matière. Et voilà qu'elle commence à se reprendre aux idées d'au-delà. « Il vit, ne serait-ce pas la preuve tant cherchée de l'existence de Dieu ? »

A CHACUN SA FONCTION

Il y a des femmes qui sont faites pour avoir des enfants. Il y a des femmes qui sont créées pour n'en avoir pas (dans l'intérêt même, hypothétique et contradictoire des enfants). A l'avenir, on choisira celles qui seront mères et celles qui resteront stériles. Et il s'agit de ne pas attacher de coefficient moral à l'une et à l'autre de ces fonctions également nécessaires.

Dans plusieurs familles du règne animal, on trouve la même division pour le plus

grand ordre des sociétés et le plus grand bien
de l'espèce.

LES OUVRIÈRES DE L'AMOUR

Dans le tableau célèbre de Corrège, Danaé
entr'ouvre ses cuisses un peu grasses et sur
elle il pleut de l'or.

Admirable symbole !

Une classe d'ouvrières existe pour l'exploi-
tation de l'amour. Pour devise elles ont pris
la seconde partie seulement de la définition
célèbre du xviiie siècle. « L'échange de deux
fantaisies et le contact de deux épidermes. »

Elles sont nombreuses. Il y en a de luxe
et de misère, à vingt-cinq sous la course et à
vingt-cinq louis. Elles rendent le même ser-

vice pourtant, mais à des degrés différents de l'échelle sociale. Leur rôle est de donner le change aux passions. On comprend qu'un état policé encourage leur industrie. On comprend moins le mépris où les tient l'opinion publique.

On accolle à l'amour qu'elles offrent l'épithète de « vénal ». Pourquoi le donneraient-elles gratuitement? Elles assurent la tranquillité des familles. Cela se paie.

Elles sont de goût classique et ne mêlent pas les genres. Elles laissent votre cœur tranquille, mais elles s'occupent admirablement du reste.

La supériorité de la France, on l'a dit souvent, vient de ce qu'elle est insurpassable dans l'industrie d'art.

Quand l'amour va, tout va. Pourtant comme dans les autres métiers, le chômage existe. Il y a les années des vaches maigres.

DE LA NÉCESSITÉ ET DE L'ART DE BATTRE LES FEMMES

A monsieur Paul Bourget.

Zarathustra l'a dit: « Tu vas parmi les femmes ? Prends ton fouet. »

Nous savons à combien de reproches nous nous exposons en abordant ce sujet, combien nos intentions, qui sont pures, seront perverties. Mais comme il s'agit d'une œuvre philanthropique et de rien moins que du bonheur de notre tendre compagne, rien ne saurait nous retenir, et, conscient de la haute tâche que nous avons à remplir, nous prenons le courage de braver les préjugés et de lui offrir, en ami véritable, de toute bonne volonté, ces utiles et inédites recherches pleines de moelle substantielle.

C'est un sujet défendu; il faut être sans hypocrisie pour oser le traiter. C'est un sujet difficile aussi, car les hommes qui battent les femmes ne l'avouent pas, par une fausse honte dont la lecture de ces lignes les débarrassera peut-être; quant aux femmes, dissimulatrices éternelles, elles s'écrient d'une voix unanime : « Me toucher, moi! J'aimerais voir cela ! » Ainsi n'aurons-nous d'aveux, ni des hommes ni des femmes. On cache les coups comme des caresses défendues. Mais nous écrivons ici sans hypocrisie et sans peur et nous irons hardiment à la chasse des vérités qu'ignorent les nobles héroïnes de M. Paul Bourget. Nous prions seulement nos lectrices de nous lire avec les yeux de l'esprit.

Disons-le sans ambages, sans nous occuper des clameurs, qu'une telle affirmation va soulever:

Les femmes désirent secrètement être battues.

Elles ne l'avouent ni à autrui ni à elles-mêmes; peut-être même l'ignorent-elles; mais — est-ce l'obscur réveil d'un sentiment atavique, le souvenir empreint, au tréfonds de leur conscience, des ancestrales raclées reçues par leurs sœurs timides, farouches et soumises, au sein des paradis perdus? est-ce la nostalgie de ce bonheur primitif et disparu?— elles veulent des coups.

Quelle femme digne de ce nom et sexe admirable n'a connu les heures d'exaspération grâce auxquelles nous savons, enfin, le prix de la vie calme? Quelle femme ne fait des scènes?

Or on peut poser l'axiome suivant:

Une femme qui fait une scène désire être battue.

Voyez notre infortunée compagne malade d'énervement. Elle ne sait ni la cause, ni le remède de son mal. Pourtant, avec la merveilleuse et aveugle sûreté de l'instinct, elle va droit où il faut aller. Elle prend un prétexte et le hérisse de pointes... L'homme

imbécile, qui n'emploie sa raison qu'à dérai-
sonner, s'efforce de rester calme : « Tu
cries, dit-il, parce que tu es une pauvre petite
créature de nerfs ; moi, plus sage, je te mon-
trerai ce qu'est un homme raisonnable et
maître de soi. »

Il prodigue les bonnes paroles ; elle s'exas-
père... C'est de bien autre chose que de paroles
bonnes ou mauvaises qu'elle a besoin.
Maintenant ses nerfs vibrent si aigus qu'il
semble qu'on les entende. De toute ardeur,
elle cherche ce qui mettra l'homme hors de
lui, ce qui lui fera perdre son détestable
sang-froid, ce qui amènera, enfin, l'explo-
sion désirée ; — et, en face d'elle, blanc de
colère contenue, dépensant une force inutile
dans la vaine besogne de se maîtriser, ce
grand benêt d'homme civilisé continue à crisper
son poing dans sa poche au lieu d'en meurtrir
les délicats méplats du visage convulsé qui
se tend vers lui.

Si la femme est plus intelligente que celui
auquel elle est associée, elle souffre de la

supériorité anormale de sa position; elle est heureuse que l'homme, par l'emploi opportun de ses poings, lui démontre qu'il y a au moins une supériorité qui est restée sienne. Ainsi l'équilibre du ménage se trouve-t-il rétabli.

La femme est-elle une sotte? Incessamment elle provoque l'intelligence de l'homme à une lutte inégale dans laquelle elle triomphe, car, d'un homme intelligent et d'une femme sotte, c'est toujours la femme qui l'emporte. En effet, les mots 'ayant pour elle le seul sens étroit que sa passion leur donne, elle ne comprend rien. Jamais elle ne reconnaît, par un acte spontané de son intelligence, la supériorité de l'homme. Qu'il lui fasse donc comprendre dans sa chair, puisque c'est sa seule partie sensible, qu'il est le plus fort.

Il y a des situations dont on ne peut sortir dignement que par une raclée.

Encore faut-il être en état de la donner. Je recommande à mes frères de faible constitution l'emploi quotidien de l'*Exerciser*. Il y a une série d'exercices qui développent merveilleusement les muscles extenseurs. En outre, quelques leçons de boxe ne seront pas inutiles pour apprendre à loger rapidement un coup de poing, à se tenir en garde. Il faut avoir des biceps et des épaules irréprochables dont la seule vue inspire à la femme un sentiment de respect et d'admiration, auquel se mêle un trouble infiniment flatteur.

Il ne faut pas, qu'à l'idée de battre les femmes, s'ajoutent de sadiques désirs, que, pour trouver de la chair tiède et cachée, on retrousse jupes et jupons, qu'on arrache un corsage fiévreusement. L'homme juste et supérieur que nous voulons bat les femmes, non pour son plaisir, mais pour leur bien.

La femme comprendra sans doute un jour que l'homme qui la frappe lui donne la plus grande preuve d'amour. N'est pas battue qui veut.

Il y a là un privilège. Les coups vont aux femmes aimées. Les traditions populaires de chaque pays l'indiquent (Cf. Hongrie *folklore* : « Ton mari ne te bat pas, pauvre femme ! Il ne t'aime donc pas »).

Depuis des siècles, nous avons oublié que nous étions, à l'origine, un animal frappeur ; des siècles ont été employés à nous enseigner qu'il était lâche et mauvais de battre quelqu'un de plus faible que nous (on n'a jamais eu besoin de nous apprendre à ne pas cogner sur qui est plus fort) ; l'opinion, reine du monde, est unanime à condamner l'homme qui bat. Nietzsche dirait que ce sont précisément les faibles qui se sont employés à créer cett. opinion qui leur est si favorable, — et ils y ont réussi.

On voit à quelle profondeur l'homme doit plonger pour retrouver la volonté d'employer ses poings ; les couches d'idées accumulées par l'éducation, les convenances, les habitudes, le respect de soi-même et d'autrui, qu'il doit traverser ; il faut qu'il franchisse les concepts d'honneur et de lâcheté, de bonté et de pitié.

Le sacrifice de ce qu'il y a de délicat et d'achevé en lui, des précieuses conquêtes qui ont demandé à l'humanité des siècles d'efforts et de peines, notre irritée et trépidante compagne n'en saisit-elle pas la grandeur?... Il y a une véritable beauté morale, une victoire remportée sur soi-même chez l'homme qui bat une femme, précisément parce qu'il n'y a, à ce faire, aucun danger et qu'il ne sera pas récompensé de ce geste par la vaine gloire qui s'attache aux pseudo-actions d'éclat.

Depuis que celui qui signe ces lignes, comme disait Victor Hugo, a orienté ses méditations vers le noble art de battre les femmes, il a provoqué plusieurs confidences dont une au moins vaut d'être relatée, car elle contribuera à donner de l'assurance à nos frères hésitants.

L'histoire suivante lui a été racontée par Jacques S..., l'homme de qui on attendrait le moins qu'il battît les femmes, car il est d'une parfaite maîtrise de lui-même et reste, dans les orages les plus violents, impassible.

Jacques parla ainsi :

— Il m'est arrivé d'employer ma force contre une femme, et cette expérience, unique, je l'avoue, m'est restée lumineuse dans la mémoire. La maîtresse que j'ai battue était une femme du monde. Elle était séparée de son mari et je la voyais, alors que j'étais amoureux d'elle, avec la plus grande facilité. Souvent nous passions les journées et les nuits ensemble, nous ne nous quittions guère et menions vraiment la vie à deux d'un ménage régulier. Ces détails sont nécessaires pour que vous compreniez la suite de cette histoire. Il y a tel geste qui n'aurait jamais été fait si nous ne nous étions vus que furtivement, trois fois par semaine, de cinq à sept. Marthe, donnons-lui ce nom, était d'une extrême délicatesse physique ; ses gestes indolents s'arrêtaient inachevés et la grâce fluide de son corps faisait penser à ces verreries graciles et éphémères dont il semble qu'un regard trop direct les brisera. En cette enveloppe fragile, la pauvre enfant abritait une âme maladive, sans cesse inquiète et tourmentée. Elle ne cessait de se déchirer et, sous le prétexte que j'étais alors l'autre moitié

d'elle-même, elle me déchirait le premier.
Une jalousie effroyable et stupide la torturait.
Tout lui était prétexte à s'inquiéter... Parlais-
je seul à une femme devant elle? je lui fai-
sais la cour. Évitais-je, au contraire, par
amour de la paix, de causer avec telle jolie
femme, Marthe en inférait que, puisque
nous ne nous parlions pas en public, il y
avait entre nous une entente secrète...
Du reste, sa jalousie n'était pas un sentiment profond et humain, mais quelque
chose de cérébral, de factice, où l'orgueil tenait
une large place.

Nous vivions ainsi depuis quelques mois
dans un état d'énervement croissant. J'étais
obligé à un effort constant pour rester maître
de moi; pas un geste de colère ne m'échap-
pa au cours des scènes quotidiennes que
j'avais à subir; je savais trop combien je me
reprocherais la moindre brutalité, si je m'y
laissais entraîner.

Un soir, nous étions au théâtre, dans une
avant-scène avec des amis. Marthe s'imagina,
à tort du reste, qu'une actrice que je n'avais
jamais vue, me regardait; elle en conclut aussitôt que je devais avoir une liaison avec elle,

que j'avais choisi ce théâtre pour retrouver cette fille, etc., etc. Pendant deux heures, sa rage s'accrut du silence gardé. Nous sortons, nous montons, elle et moi, en voiture. Je n'avais rien deviné du drame qui s'était passé dans la tête de Marthe; j'étais ce soir-là heureux et confiant.

A peine seuls, elle commença, d'une voix tremblante de colère contenue que je connaissais trop :

—J'ai vu ton manège.

— Quel manège ?

— C'est ignoble ! Cette femme !...

Ce fut la querelle la plus sotte, la plus violente... Soudain, au paroxysme de la colère, elle essaya de me pincer. Je l'arrêtai; d'un mouvement rapide, je lui saisis le poignet, et, enfiévré, au souvenir de tant de scènes analogues, je tordis d'un coup sec ce poignet délicat... On entendit un craquement léger du bras... puis ce fut un « Ah ! » de douleur, un « Ah ! » si étonné, si franc, si humain qu'il vibre encore en moi ; c'était la première fois que je trouvais cet accent profond de nature dans la bouche de Marthe... J'en fus stupéfait et charmé comme l'est un virtuose qui tire

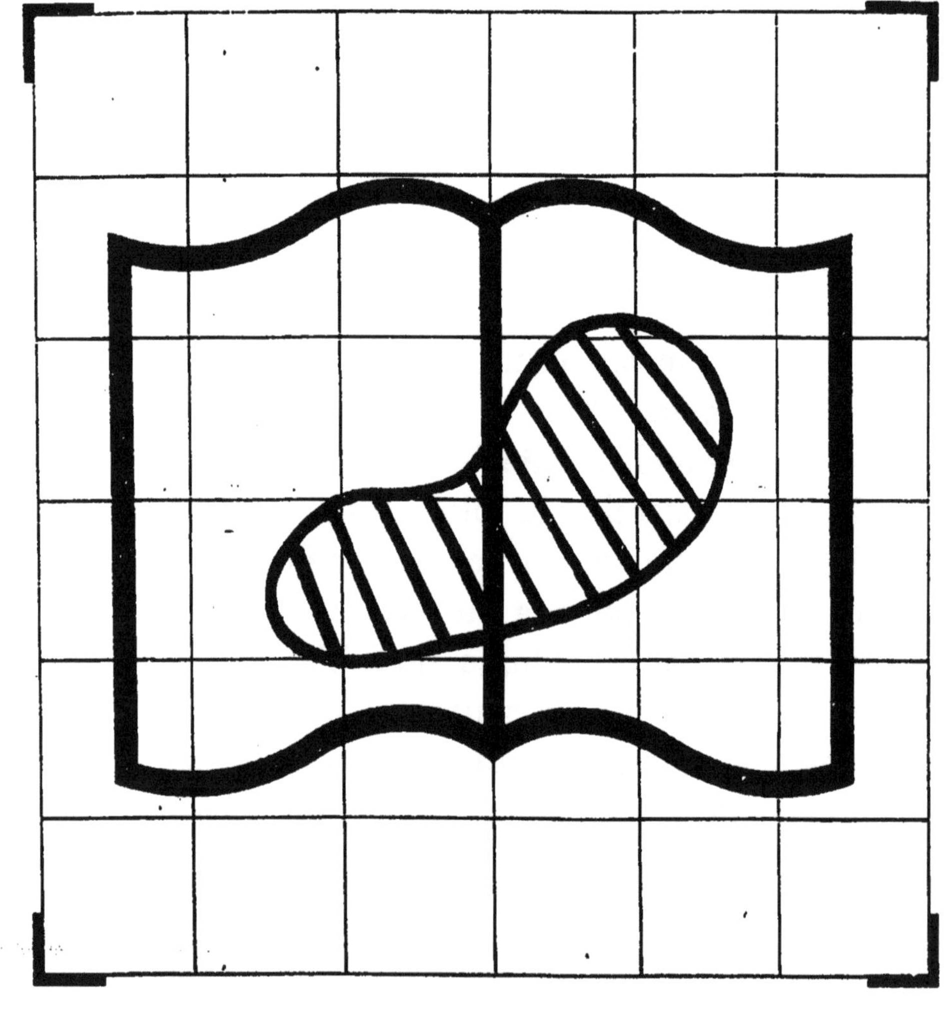

par hasard un son admirable d'un instrument
ingrat... Ayant poussé ce cri, Marthe,
écroulée dans l'angle de la voiture, éclata en
sanglots... Minute inoubliable !

Alors je fus rappelé à la réalité; j'avais été
brutal, j'attendais avec angoisse le remords
certain, terrible, qui allait m'accabler... Mais,
ô surprise ! au lieu de la mauvaise conscience
de mon acte, voici que montait en moi un
sentiment délicieux, inconnu, de paix retrou-
vée après de longs tracas, de devoir accompli
à travers mille difficultés, de bien-être enfin
gagné après un rude voyage; j'étais heureux
et soulagé, j'avais l'âme légère, généreuse,
lavée de toute animosité, purgée de toute
rancune; j'avais abordé par un coup hardi
sur des terres ignorées et bénies... M'excuser,
demander pardon? — De quoi? D'être heureux.

A côté de moi Marthe pleurait toujours,
mais je sentais que c'étaient de bonnes larmes
salutaires dans lesquelles se fondaient les co-
lères et les aigreurs. J'étais certain qu'au fond
d'elle-même elle ne m'en voulait pas, qu'elle
n'était nullement fâchée... Ce fut, pour moi
comme pour elle, une des heures les meilleures de notre liaison. Voilà...

— Et pourquoi vous êtes-vous quittés?

— La lassitude m'a pris. Nous nous sommes séparés, parce que je ne l'aimais plus assez pour la battre.

Interrogez par ailleurs un de ces individus affranchis de scrupules qui vivent du labeur de leur compagne. Ils vont tranquilles et sûrs d'eux-mêmes; ils donnent à leur amie de l'amour et des coups: Aussi sont-ils adorés, et les rapports qui existent entre elle et lui peuvent-ils à juste titre, pour le respect de la femme à l'homme, la déférence, le juste sentiment des inégalités naturelles et sociales, être recommandés aux autres classes de la société.

En échange de ce qu'il reçoit, le mâle accorde sa protection, c'est-à-dire qu'il empêche que son amie soit battue par d'autres que par lui. Sachez, jeunes femmes qui lisez avec indignation ces lignes, que seul un amant véritable peut porter la main sur vous. Imitons M. Paul Bourget et posons ici un axiome:

— L'homme aimé a seul le droit de donner des coups.

Que l'homme qui veut se débarrasser d'une maîtresse trop aimante ne s'imagine pas qu'il suffit de la battre pour amener une rupture: Elle sera plus tendre après la raclée qu'avant.

Ayant démontré à la satisfaction de l'un et l'autre sexe la nécessité de battre les femmes, passons maintenant à la seconde partie de notre sujet: Comment faut-il battre nos délicates compagnes?

Disons-le tout de suite. Il ne s'agit pas de les battre souvent et sans raison. Ce serait un exercice fatigant et qui deviendrait bientôt inutile, car l'effet diminuant à l'usage — on s'habitue à tout, — vous seriez bientôt obligé d'augmenter démesurément la dose. Ainsi en est-il des fumeurs d'opium. L'exquis et rare Thomas de Quincey prenait jusqu'à trois mille gouttes de laudanum par jour. Songez à ce que serait la vie d'un homme obligé de donner trois cent coups par vingt-

quatre heures à la chère moitié de son âme.
Il s'userait la peau, le malheureux !

Il ne faut battre que rarement et méditer
le mot de Machiavel, qui recommande au
tyran de faire toutes les cruautés nécessaires
d'un seul coup. Qu'on laisse donc passer quelques scènes sans bouger ; qu'on se contente
d'avertir calmement, mais avec conviction,
une fois ou deux, pas plus. Alors, à la prochaine scène, on frappe.

Un seul coup bien porté peut suffire. Il
faut que notre faible amie sente en sa chair
la force supérieure de notre musculature.
L'effet est produit : au lieu de s'énerver, elle
pleure ; elle est heureuse,

Le triomphe de la civilisation, je le vois
dans l'homme impassible, sans colère, qui
bat par raison. Il y a entre lui et la brute qui
frappe en fureur, la différence qui existe
entre l'assassin qui plante son couteau dans
le dos d'un « pante », et le chirurgien qui,
lui aussi, enfonce de l'acier dans une chair
vivante.

Utile précepte à méditer : Il ne faut battre qu'en particulier.

Rien de plus pénible pour les délicats qu'une rixe publique entre homme et femme ; les vieux et stupides instincts de chevalerie (époque où la femme fut changée en la dame, hélas !) nous obligent, à cause des spectateurs, à intervenir en faveur de la femme, quand même chacun de nous, séparément, est convaincu qu'il s'agit d'une correction philanthropique, amicale et méritée. Aussi ne battez que dans le privé. Cela est surtout recommandé aux maris contre qui pourraient être invoqués dans un moment de folie les sévices et injures graves. Donc pas de témoins importuns : la solitude d'un cabinet de toilette, ou mieux, de la chambre à coucher (il est inutile de casser une coûteuse garniture de toilette). Les caresses et les coups — ce sont les deux expressions d'un même sentiment — demandent le secret des portes closes.

Si vous n'habitez pas un hôtel privé mais un appartement, ne vous inquiétez pas des bruits qui pourraient filtrer à travers parquets et plafonds jusqu'aux voisins attentifs. Les gémissements, pamoisons, interjections, soupirs, appels aux dieux ou à madame sa mère, d'une femme battue ressemblent d'une façon surprenante, pour l'écouteur distant, à ceux d'une femme heureuse. Chose singulière et digne de remarque : ils produisent une identique harmonie... Ne craignez pas les insultes qui pourraient éclairer la religion du voisin ; une femme battue n'insulte pas ; elle ne prodigue les injures que pour avoir des coups. Si vous les lui donnez sans tarder, elle ne songera plus à proférer d'inutiles paroles, elle sera toute au bonheur de pleurer.

Évitez vous-même les apostrophes vaines. Que vaut le mot le plus énergique auprès d'un coup de poing bien asséné ?

Il faut battre les femmes maigres avec un bâton.

Pour les fausses maigres, le poing est recommandé.

Pour les grasses, le plat de la main suffit.

En somme, il s'agit de ne pas se faire mal
à soi-même.

V

DE LA BEAUTÉ

Henri, dans un salon, regarde une femme, avec plus de soin qu'un médecin n'examine un client, avec plus de sérieux qu'un avare ne compte son argent. — « Elle est grande, se dit-il, elle a la taille ronde et flexible, les épaules larges; le dos plat, les jambes longues. » Il la regarde encore. N'essayez pas de lui parler : il n'entend plus. « Le cou, continue-t-il, est élevé, les yeux grands, le visage délicat et plein à la fois, le menton bien dessiné — comment aimer une femme au menton fuyant — Les lèvres sont fermes, les dents nettes et régulières. Il y a dans son regard quelque chose de grave, une spiritualité qui m'est chère. Ce n'est pas un animal que je veux aimer, mais un être tendre et passionné qui saura pleurer dans mes bras. »

Il s'approche ; il va lui parler, il tremble presque... Soudain il s'arrête. Qu'a-t-il vu ? — Hélas ! les ailes des narines sont un peu trop remontées !... Il recule, il n'aimera pas.

Qui expliquera jamais que nous fassions dépendre notre bonheur, et, parfois notre vie, de l'ovale plus ou moins parfait d'un visage, du grain de la peau, de l'éclat d'un regard ?

Un sourire, un regard. une inflexion de voix qui nous émeut, suffisent parfois à nous fixer.

Ailleurs les traits les plus réguliers, les plus beaux, nous laissent indifférents.

Il est dans la jeunesse un tel éclat de vie et de beauté qu'on peut à peine en supporter la vue.

C'est une curieuse déviation de l'instinct qui fait rechercher à certains hommes une beauté garçonnière chez les filles.

Il est un moment dans sa vie où une fille laide devient presque charmante. Elle a pour quelques heures un parfum léger qui attire. À cet instant, elle plaît, elle peut séduire. Qu'elle se hâte de mettre à profit la générosité de la nature, car, une fois le moment passé, elle revient à sa laideur première et définitive.

Il est une beauté des traits; il en est une de l'expression; il en est une enfin des gestes et des attitudes, c'est la grâce.

Laquelle de ces beautés nous touche le plus fortement? S'il fallait choisir, je dirais la grâce d'abord. La beauté des traits ne révèle rien de l'âme. Elle peut s'allier à la vulga-

rité la plus basse. La grâce, au contraire, est
comme la fleur même de la vie, et, au fond
de nous, l'instinct nous souffle que c'est une
œuvre de vie dont il s'agit.

Peut-être n'est-il de qualités que physiques?
Les yeux, par lesquels on croit lire jusqu'au
fond de l'être, les yeux qui semblent enfer-
mer les trésors du sentiment, dont le langage parle de l'âme à l'âme, les yeux, c'est
du brun, du bleu, du noir, du vert et du
blanc, cela et rien de plus. « Elle a des yeux
admirables », ne veut rien dire, sinon : «   y a
du bleu, du blanc, et des points jaunes et
bruns, mêlés de telle et telle manière. »

Lorsque nous examinons une femme et que
nous nous bornons à constater ses beautés
et ses défauts physiques, nous sommes sur
un terrain où il n'y a place pour aucune du-
perie. La grandeur, la taille, la sveltesse, le
grain de la peau, l'éclat du regard, le dessin

de la bouche, voilà des choses susceptibles d'être exactement jugées. Ici on ne peut nous passer de faux jetons. Nous ne courrons pas les risques terribles que présente la bourse des valeurs sentimentales où nous croyons acheter, par exemple, une tendresse infinie (et payons en conséquence) pour nous apercevoir à livraison qu'on nous a vendu un petit sentiment médiocre et sans durée.

Un grand nombre d'hommes se refusent à spéculer sur les valeurs sentimentales, soit qu'elles n'aient aucun prix à leurs yeux, soit qu'ils tiennent à éviter les déceptions amères d'une mauvaise affaire.

C'est pour eux que nous entreprenons d'écrire ici une étude détaillée de l'anatomie de la femme.

ANATOMIE DE LA FEMME

Énumérons d'abord les tares de la femme. Soyons impitoyables en théorie. Nous avons assez de faiblesses dans la pratique.

La tare des femmes petites, ce sont les jambes courtes. Rien n'est plus laid. Un long

torse sur des jambes brèves, voilà de quoi
s'enfuir aux antipodes. Les femmes, qui sentent obscurément par où elles plaisent ou dé-
plaisent, dissimulent de leur mieux ce
défaut à l'aide de leurs vêtements. Elles ne
réussissent à tromper que les indifférents,
car l'homme qui aime les femmes les dés-
habille toujours, ne serait-ce que de l'œil.

Une femme petite avec des jambes plus
longues que le torse est l'objet le plus rare
qui soit sous la calotte des cieux.

Le dos des femmes a une tendance à se
voûter. On voit des femmes jeunes avoir déjà
des épaules rondes. Presque toutes les femmes mûres ont le dos en arc de cercle.

Est-il rien de plus beau qu'une femme
dont les seins sont fermes et dressés vers la
lumière ! Hélas ! combien de femmes peuvent-
elles se passer de corset ou d'un large ruban?
Elles savent leur faiblesse. Elles n'ont garde

de se montrer debout et nues. Cela, c'est l'épreuve suprême. Qui est prête à l'affronter ?

Les femmes, si elles sont nues, ne se laissent voir que couchées. Elles ramènent le bras en arrière, supportant la tête ; le sein alors se tend et regarde le ciel, enfin !

Tare de trop de femmes : une grosse tête.

La femme n'a pas le droit d'avoir une forte tête ; c'est nous qui sommes chargés par la nature de penser pour elles. Aussi, la vue d'une femme avec un crâne trop développé est-elle une véritable souffrance pour un homme sain et de sens affinés.

Si vous voulez créer un monstre, placez une grosse tête sur un petit corps ; vous réaliserez ainsi le têtard.

Autre tare : les attaches fortes.

Une femme de nos races qui n'emploie ses membres qu'à des besognes délicates ne doit

pas avoir des poignets et des chevilles épais.
Nous prenons les durs travaux à notre charge;
elle nous doit le raffinement. Il faut qu'elle
nous donne l'impression d'avoir été créée
pour notre luxe, pour nos loisirs. Ce n'est pas
un manche de charrue que nous voulons lui
mettre entre les mains.

La plupart des femmes sont envahies par
la graisse. Le meilleur de leur existence, à
partir de vingt-cinq ans, est pris par la lutte
contre l'obésité.

« Elles se défendent. » Mot terrible !

Elles ne pensent plus à autre chose, au lit,
à la promenade, à table. Pour maigrir, elles
ne reculent devant aucun sacrifice; elles ne
boivent pas, marchent à jeun, se font masser
et supportent la souffrance des corsets étroi-
tement serrés.

Elles ont raison.

Si elles engraissent, elles cessent d'être
femmes.

C'est tellement vrai que la nature, elle-
même, se refuse alors à les considérer comme

telles et, à un certain degré d'embonpoint,
leur dénie la possibilité d'être mères.

Voici une femme belle, enfin. Elle est
grande, la tête petite, les seins droits, les
hanches pleines.

Regardez-la, regardez-la vite. N'en perdez
rien, remplissez-vous les yeux, car, hélas!
elle n'a que quelques heures de beauté, si
brèves. Bientôt elle sera flétrie et ne sauvera
les apparences que grâce aux artifices savants
de la toilette.

A-t-elle des enfants? Son ventre se plisse.—
Prend-elle de l'embonpoint? Ses seins, ses
joues tombent, son menton se double et se
triple. — Elle maigrit, au contraire. Alors,
elle devient quelque chose de ridé, de mort.

Osons le dire. L'homme est, absolument
parlant, et pour l'ensemble, plus beau. Il
résiste mieux à l'usure des années, se dé-
forme moins vite. Vous trouverez deux ou
trois adolescents très beaux à dix-huit ans
pour une adolescente sans reproche. Mais ces
jeunes gens, s'ils mènent une vie normale,

s'ils cultivent leurs corps par l'athlétisme, s'ils évitent l'alcoolisme, ils peuvent être à quarante-cinq ans, des hommes beaux encore.

Mettez-les à nu. Ils ont des poitrines profondes et bombées, des épaules larges, des reins creusés, des jambes et des bras musclés sans l'ombre de graisse.

Mais la femme de quarante-cinq ans, où est-elle celle qui supportera cette épreuve?

Par où la femme l'emporte-t-elle sur l'homme?

Dans l'ensemble, il n'y a qu'un moment où la femme est plus belle que l'homme: c'est dans le désir.

Chez elle, il reste tout intérieur, ne se traduit que par les inflexions du corps, le ventre tendu, les reins cambrés, les seins dressés.

L'art nous a cent fois représenté la femme nue dans le désir.

Mais l'homme à ce moment n'est qu'obscène; il est « musée secret ».

La femme est enfin incomparablement supérieure à l'homme dans les beautés de détail. Le visage et chaque partie du corps vaut d'être admirée de près. Il y a de grandes joies à détailler les beautés de la femme. Ne nous en privons pas.

Que conclure? Que la beauté absolue, celle qui s'établit par des plans, se trouve plus souvent chez l'homme que chez la femme, que, par conséquent, la femme vraiment belle est ce qu'il y a de plus rare au monde, par suite de plus désirable, — c'est ce qu'il fallait démontrer.

Autre conclusion. Que les hommes soient beaux, peu nous importe au fond, car nous les regardons d'une vue toute désintéressée, objective, en artistes, tandis que la beauté, même imparfaite de la femme, c'est comme dit Stendhal, une *promesse de bonheur,* de ce bonheur terrestre qui seul nous émeut.

Louons donc maintenant les beautés du corps féminin.

Chez une femme de stature élancée, admirable est la chute des reins, l'inflexion du dos, élargi et plat aux épaules, qui file comme un fleuve serré par deux rives rapprochées, puis s'étale entre les hanches arrondies.

Il y a le long de la colonne vertébrale, une coulée de lignes allongées où les chairs, comme comprimées, paraissent plus fermes, puis elles se détendent aux hanches jumelles où l'on sent une plénitude heureuse, un repos, une halte, le luxe, l'indolence avant la descente vers les jambes qui, elles, travaillent, et ne peuvent se permettre l'abondance.

Comment dire la beauté des chairs qui vont de l'épaule au sein ?

C'est un défaut, et grave, d'avoir le sein attaché sur la poitrine plate. Il doit y avoir un passage insensible et délicat de l'un à l'autre, un art infini des transitions. Quand le « morceau » est réussi, quelle joie magnifique pour les yeux !

Un sein arrondi et ferme, délicatement fleuri en son sommet, exercera toujours un attrait profond.

L'attache du bras est une des parties difficiles de la symphonie. Il faut que l'ossature disparaisse, cachée par des muscles à peine indiqués qui jouent librement sous la peau. Tout déploiement de force est dangereux, de même la surabondance des chairs grasses.

La minceur de l'attache du bras, pour qui la regarde de face, est surprenante chez la femme.

Entre les seins, un vallon délicieux commence resserré, puis s'élargit soudain. Il reste marqué entre les saillies légères que font les côtes. C'est alors la taille amincie, colonne qui supporte le chapiteau épanoui à double volute des seins.

Puis le ventre, que nous ne voulons plus gros comme à la Renaissance italienne, mais tendu à l'antique et aplati comme un bouclier. Il fuit sans bouillonnements vers les

aines, là où sont cachées, comme dit Shakes-
peare, les sources délicieuses.

Les cuisses sont longues, bombées en arc,
avec de la chair et pas de graisse. Ce sont des
travailleuses.

Le genou ne sera ni escarpé, ni rocailleux,
il se fond dans la jambe.

Mieux vaut un mollet un peu sec qu'un
mollet trop gras.

Il n'est pas tolérable que le pied soit épais
et court. Un pied long, mais fin et cambré,
est une des jolies réussites du corps féminin.

Un pied élégant revêtu d'un bas semble
une langue.

Le bras tombe d'une ligne nette de l'épaule
au coude.

L'avant-bras a le galbe d'un vase allongé
d'où sortirait une fleur : la main.

Qu'une jolie main souple sur un poignet
fin est chose rare et belle !

Les cheveux, abondants. On permet à la femme un excès de ce qui est inutile, de ce qui n'est là que pour l'ornement. Les cheveux bouclés, ondés et drus, l'emportent sur les autres, car ils ont de la vie, et la lumière joue avec eux un jeu charmant et varié.

Aussi les femmes ont-elles toujours su communiquer à leurs cheveux, par le moyen du fer, une vie artificielle à laquelle nous nous laissons prendre.

La grâce des cheveux est multiple, qu'ils soient arrangés en bandeaux, relevés ou crêpés, hauts ou bas, étalés enfin comme un voile mouvant qui cache et montre tour à tour le mystère des yeux et le charme deviné du sourire.

L'oreille ne doit être ni plate, ni écartée de la tête, ni trop charnue. Si elle se cache obstinément sous les cheveux, elle meurt loin de l'air et de la lumière.

Morte, elle est horrible à voir.

Fine, délicate, allongée, bien ourlée, et rougissante à son extrémité, voilà l'oreille parfaite.

Quant au nez, il ne peut être large et camus. Retroussé? d'aventure.

Il faut un beau visage pour porter un grand nez.

Qu'il soit droit ou légèrement aquilin. Le nez aquilin qui se tolère chez l'homme, donne à la femme, si la courbure en est trop accentuée, l'air bête.

Il y a de la vie dans les narines qui frémissent et se gonflent, mais qu'elles ne soient ni trop creusées ni trop plates. Partout nous suivons la mince ligne qui sépare le trop du trop peu. Pauvre corps féminin!

La bouche?

Il y a en elle tant de promesses de bonheur que c'est elle, après les yeux, que nous regardons d'abord. Aussi a-t-elle plus d'une façon de faire son salut et le nôtre.

Qu'elle soit grande, petite, flexible, sinueuse, droite, charnue ou mince, il n'y a qu'une chose qu'on ne peut lui pardonner, c'est d'être molle.

Il est des bouches qui sont comme le calice humide d'une fleur.

On ne peut croire qu'elles soient faites utilitairement pour avaler de la nourriture. Elles semblent n'être là que pour être baisées. Pourtant les femmes qui les ont mangent de fort bon appétit.

Elles devraient manger seules, à l'écart.

Des dents blanches et petites qui pourraient mordre si bien, si elles voulaient; une langue, effilée, agile et rose, qui joue à se cacher derrière la barrière des dents, voilà le mobilier de la bouche.

Les yeux bruns, veloutés et chauds, les yeux comme des saphirs ou pareils à des bleuets, les yeux aigue-marine, jade ou glauques comme la mer, les yeux pâles et profonds, les yeux pervenche, si doux qu'on voudrait les boire, les yeux noirs qui sont métal, ceux qui sont agathe, ceux qui sont soie moirée, les yeux dorés comme un beau fruit, les yeux vifs et les yeux tristes, ceux qui pétillent et ceux qui pleurent, ceux qui contemplent et ceux qui regardent, ceux qui gardent un secret et ceux qui le disent, ceux qui se taisent et rêvent, ceux qui désirent et parlent, ceux qui commandent, ceux qui obéissent, ceux qui incendient et dont on ne peut soutenir l'éclat, ceux en qui seule une petite flamme d'espoir veille, les yeux grands, petits, allongés, séparés ou rapprochés, ovales, plus ou moins, à fleur de tête moins que plus, aux paupières lourdes ou légères, lentes ou promptes, claires ou bistrées, aux sourcils épais, ou effilés comme au pinceau, en arc à la byzantine ou presque droits à la française, — les yeux, c'est assez s'ils vivent.

Il y a autre chose que la beauté des traits.

Au moment où la femme tente un grand coup de séduction, entre seize et vingt-deux ans, la nature. qui sait ce qu'elle veut, lui prête un charme momentané qui n'est une qualité d'aucun des traits, mais de l'ensemble. Chacun des traits, médiocre en soi, devient agréable. On dit alors : « Elle a les yeux petits, mais ils ont du feu; le nez retroussé, il est spirituel; la bouche est trop grande, soyons-lui-en reconnaissant, puisque c'est pour découvrir de belles dents, etc., etc... »

En y regardant de près, c'est une qualité de la peau qui fait le charme de la jeunesse; la sève circule abondante dans les tissus et donne au teint de l'éclat, de la fermeté à la chair, du brillant aux yeux... Rien n'est moins durable. Lorsque le prestige a opéré, que la jeune fille est devenue femme, la nature s'en désintéresse aussitôt. Vous êtes en face d'une personne sans éclat et dont les traits sont laids. Il est vrai que si elle est votre femme et que vous avez vécu quelques années avec elle, vous ne la regardez plus. Elle fait alors partie de votre vie comme un meuble auquel on est accoutumé, qu'on se refuserait à acheter, mais que, l'ayant, on laisse où il est, dans un coin.

Telle est la première floraison de la femme.

Il y en a, chez beaucoup, une seconde, celle-ci entre trente et quarante ans.

A ce moment, la nature fait un nouvel effort. Généreuse, elle donne à la femme une chance de plus, la dernière.

Celle-ci, c'est du surcroît, du luxe, c'est pour le bonheur. La femme reprend avant la maturité un éclat qu'elle n'avait plus. Elle redevient séduisante comme à ses dix-huit ans avec tout le charme en plus de l'élégance apprise, avec le raffinement de dix ans passés à s'orner pour plaire.

Qui profitera de cette heure de jeunesse?... Il est peu probable que le mari qui ne regarde plus sa femme s'aperçoive même de cette transformation. S'il n'est pas aveugle, et s'il craint les apanages du mariage, il s'empressera de lui faire un enfant.

VII

DE LA JALOUSIE

Y a-t-il, comme le veut La Bruyère, deux jalousies, l'une soupçon injuste, bizarre, sans fondement, l'autre sentiment juste, fondé en raison et en expérience?

Il n'y a qu'une jalousie.

On se représente la personne que l'on aime étendue, frémissante sous les caresses d'un autre! on voit ses yeux si beaux se clore à moitié, le regard se voiler, les bras se nouer autour d'un torse viril, le ventre doux se creuser...

— Imagination!

— En souffre-t-on moins?

Existe-t-il pour celui qui est aimé une quiétude parfaite? Et, s'il est rassuré sur le présent, le passé n'est-il pas là tout proche, et l'avenir?

Il est des hommes que les femmes ne trompent pas. Ils peuvent pourtant connaître la jalousie. La femme qu'ils aiment a été à d'autres avant d'être à eux. Terrible pensée pour un amant!...

Cette forme de la jalousie est aussi cruelle que l'autre. Elle procède de la même façon. La décrire, c'est étudier toute jalousie. Voici les phases de la crise :

Vous êtes aimé, vous êtes heureux, vous rêvez à votre maîtresse. Soudain une pensée insidieuse se glisse en vous. Vous vous dites : « Elle a aimé avant de me connaître. » Aussitôt, ce ne sont plus des pensées qui défilent

en vous, ce sont des images nettes, implaca-
bles qui se lèvent devant vos yeux.

Elle s'est dévêtue pour un autre avant de
se dévêtir pour vous... Vous assistez à la
scène. Un à un sa jupe, son corsage tombent.
Elle est debout, les épaules nues, vêtue seulement de batistes légères ; elle hésite un instant, puis enlève ses bas. L'autre est là ; il la
regarde ! Comme il la regarde, mon Dieü !...
Vous haletez péniblement. En vain essayez-
vous de chasser l'image. Elle reste là, devant
vos yeux agrandis... Le corset est enlevé ;
elle se redresse avec ce geste inimitable qui
n'est qu'à elle ; elle s'étire ; un de ses seins si
frais, si doux, sort de la chemise... Il s'approche d'elle... Vous voudriez être mort ! Non,
il faut aller jusqu'au bout, il faut voir tout...
Maintenant elle est étendue sur le lit, nue, et
c'est ce même corps que vous avez couvert de
baisers !... Il se penche vers elle ; il la prend
dans ses bras ; ils murmurent des mots que
vous entendez ; elle se blottit contre lui et
voilà qu'elle... Non, non, assez, vous n'en
pouvez plus, vous criez de douleur. Et pourtant, pourtant ce n'est pas fini... Vous voyez
tout, vous dis-je, tout, avec une affreuse

précision. Vous grincez des dents, vous avez le goût de la mort dans la bouche...

La crise peut être d'une minute. C'est alors comme si l'on était percé d'un coup de poignard. Ou bien elle dure des heures et l'on en sort brisé. Puis on a quelque répit. On devient indifférent. L'imagination accablée de fatigue, épuisée, n'a plus la force de reproduire les images... Et soudain, au moment où l'on s'y attend le moins, un mot, un mouvement, on ne sait quoi, réveillent la douleur, et tout est à recommencer.

Parfois on ne s'attache qu'à un petit fait précis. Je me souviens de m'être promené pendant des heures dans une ville que je connaissais à peine, en me répétant : « C'est lui qui l'a déshabillée le premier ! » Et l'imagination me montrait les moindres détails de cette scène.

A d'autres moments, je ne pensais qu'à une chose : « Comment s'est-elle couchée ? A-t-elle pleuré ? Quel regard avait-elle ?... A-t-il été maladroit, brutal ? Où cela se passait-il ?... Il faut que je le sache. Dans quelle chambre d'hôtel ? La nuit ? le jour ?... Son corps vierge, de quelle fièvre tressaillait-il à cette heure unique ? »

Je pleurais de rage, et les passants me regardaient, et parlaient de moi dans une langue que je ne comprenais pas.

Est-il des remèdes contre ces crises affreuses? Prendre d'autres femmes tout de suite?... Vous n'en voudrez pas. Pour moi, au lieu de chasser ces images, je les évoquais avec précision. Je restais là, à regarder, avec l'obscur espoir qu'en laissant libre cours au mal il s'épuiserait plus tôt, avec la certitude qu'à vouloir le comprimer, je risquais de mourir empoisonné.

Une femme me dit :

— Votre analyse de la jalousie est pleine de détails répugnants.

— C'est vrai, mais la jalousie est précisément une chose horrible parce qu'elle évoque des images sales et dégoûtantes. Comment en parler et en faire sentir l'horreur sans montrer ces images? Soyez sûre que je vous ai épargnée.

— Merci.

Il est évident que cette forme de la jalousie est la plus raffinée, que beaucoup de femmes ne peuvent l'éveiller, que beaucoup d'hommes sont incapables de la ressentir. Un homme aimant une femme qui a eu cinquante amants n'est pas torturé par l'idée qu'il n'est pas le premier à jouir de sa maî-tresse.

Certains hommes ne peuvent goûter que le plaisir physique auprès d'une femme au passé trop chargé. Ils ne l'aiment pas. Dès le début ils pensent à elle comme à une femme facile que l'on prend et que l'on quitte sans songer à en être jaloux.

L'amour est un sentiment exclusif. On aime pour soi et on ne veut pas partager avec autrui celle qu'on aime. Nous avons vu que la seule idée de partager dans le passé et en idée est intolérable. On voudrait une femme intacte, qui n'ait appartenu à personne; de là le prix que l'homme attache à la vierge.

Nulle part l'instinct de propriété n'est plus justifié. Un tableau a été vu par cent mille personnes sans que sa valeur en soit diminuée.

Mais, pour un véritable amant, la femme qu'il aime doit être pareille à la grande Isis à qui nul n'a soulevé son voile.

Tout amant doit pardonner à une femme au moins un homme. C'est le mari qu'on pardonne le mieux. Il l'a eue avant vous, c'est vrai, mais en vertu d'arrangements si spéciaux que la personnalité de la femme reste presque intacte. On peut imaginer qu'elle a pris son mari pour mille raisons qui n'ont rien à faire avec l'amour, à cause de sa famille, de sa situation, de la nécessité de se marier. Et vous pensez complaisamment qu'elle l'a subi, qu'elle n'a rien donné d'elle. Vous ne lui reprochez pas son mari.

Imaginez, au contraire, que la femme au

lieu de s'être donnée à un mari, se soit livrée vierge à un amant. Toutes les valeurs sont changées. Pourrez-vous supporter cette idée?

Cela ne suffit-il pas pour repousser la thèse de M. Léon Blum dans son livre *Du mariage* qui, pour rendre les ménages plus heureux et les maris moins jaloux, veut que les jeunes filles aient des amants, ou un amant, avant de se marier.

Un homme supporte mal l'idée que la femme qu'il aime a été à un autre.

Il voudrait l'avoir eue vierge.

Si, plus tard, il se détache d'elle, peu lui importe alors qu'elle aime ailleurs.

Mais vouloir lui infliger à coup sûr la torture d'une jalousie rétrospective, la certitude qu'elle a appartenu à un autre homme, non par convention sociale et arrangement de famille, mais par choix... quelle folie!

C'est pourtant à cela que conduit la réforme proposée par M. Léon Blum. A l'état de cho-

-ses actuel qui comporte un minimum de chances de malheur, il propose de substituer un régime dans lequel il sera impossible à un mari amoureux de sa femme de ne pas souffrir du passé.

Mais dans le mariage tel que le décrit M. Léon Blum, il n'y a pas de place pour l'amour.

L'homme ressent plus vivement que la femme la jalousie du passé. Et cela pour la simple raison que l'acte de l'amour n'a pas la même importance pour les deux sexes. Une femme est rarement jalouse du passé de son amant ; elle se tourmente dans le présent et en songeant à l'avenir. « M'aime-t-il ? Saurai-je le garder ? » Voilà ses préoccupations. Mais elle est fière de retenir un homme qui a eu beaucoup de succès. Loin de lui reprocher son passé, elle en est flattée. L'homme a plus de valeur à ses yeux.

Pourquoi ? Parce qu'il a su exercer le métier d'homme qui est de conquérir et de dominer. Comment expliquer sans cela l'attrait certain de don Juan ? Il est né pour être le dieu de beaucoup de femmes. Chacune pense qu'il lui est réservé de le fixer enfin, qu'il lui apprendra le dernier mot qu'elle ignore de l'amour.

Mais une femme trop facile et qui a eu cinquante amants, par quels hommes sera-t-elle aimée ?

Un homme est très fort contre la jalousie qui sait que, fût-il trompé, il trouverait auprès de lui, tout de suite, deux ou trois femmes, prêtes à l'aimer et qu'il aimerait peut-être.

On ne voit pas don Juan jaloux.

Arriverons-nous au bienheureux état d'esprit du souteneur qui sait que sa maîtresse ne donne rien d'elle-même aux passants et qu'elle l'aime seul ? Et si nous sommes aimé d'une femme mariée, supporterons-nous sans faiblir l'idée qu'elle est dans les bras de son mari, même inerte ?

Pour le jaloux, tout est prétexte à jalousie. Elle sort de bonne heure? — C'est pour aller chez lui. — Elle sort tard? — Elle n'a pas le temps de faire des courses, par conséquent elle a un rendez-vous. — Elle dit où elle va? — C'est pour détourner les soupçons. — Elle ne dit rien? — Parce qu'elle fait une chose secrète et défendue. — Elle est aimable à la maison? — Elle a quelque chose à se faire pardonner. — Elle est désagréable! — Elle ne m'aime plus.

Ainsi la jalousie, comme l'amour, concilie les contraires et trouve un aliment partout.

En vain rassure-t-on le jaloux sur un point, lui prouve-t-on l'inanité singulière de ses soupçons. Son cerveau malade crée à l'instant même cent raisons nouvelles de suspecter celle qu'il aime.

Dira-t-on qu'il y a des cas où la jalousie est justifiée et d'autres où elle absurde? Cette distinction est sans valeur au point de vue du sujet. La seule chose positive dans la jalousie est la souffrance qu'elle cause à celui qui la ressent. On montre qu'un homme a toutes les raisons du monde d'être jaloux. Sa femme a un amant ; il la soupçonne, il a peut-être des certitudes. Oui, mais il n'en souffre pas ; il n'est pas jaloux ; tandis que voici, à côté de lui, un homme dont la femme fidèle ne songea jamais à le tromper et qui pourtant est torturé par la jalousie.

La jalousie est donc un état chronique, avec crises plus ou moins violentes suivant les circonstances, et l'on est jaloux comme on est cardiaque, arthritique ou tuberculeux.

Quand la jalousie s'attaque à un être sain, elle peut le rendre momentanément malade. Mais grâce à sa forte santé, il élimine bientôt le virus dangereux.

J'ai connu un homme de grande intelligence dont la femme faisait par sa conduite légère le scandale de la ville. Il avait une position éminente. Ses frères vinrent à lui et lui dirent : « Voilà, on dit ceci et ceci. Comment n'ouvres-tu pas les yeux ? »

Il répondit :

— Si vous m'apportez des preuves certaines, indiscutables de l'infidélité de ma
femme, je me tuerai. Jusqu'alors, je ne veux
pas croire à son indignité.

Admirable réponse qui éclaire le sujet que
je traite ici !

Il est des gens qui ne ressentent l'amour
que par jalousie. Ils s'aperçoivent qu'ils
aiment au moment où ils ne sont plus
aimés ; ils sont indifférents jusqu'à l'instant
où on les quitte ; alors ils commencent à
souffrir. Ils ne connaissent ainsi que la face
douloureuse de l'amour.

Ils n'ont pas l'élan qu'il faut pour se donner joyeusement, ils se laissent prendre ; ils
sont exigeants, insatisfaits, tout leur est dû,
et ce n'est pas encore assez ; ils affectent de
ne pas tenir à qui les aime, d'être continuellement prêts à rompre ; ils demandent beaucoup et donnent peu ; ils préfèrent être aimés
que d'aimer eux-mêmes. Finalement ils ignorent tout de l'amour dont ils ne cessent de
parler.

Mais voilà que l'autre se lasse de cette froiir, se détache et s'en va aimer ailleurs.

rs, dans l'abandon, l'amour s'éveille en
eux, un amour sec, rageur, fait de vanité
blessée, d'orgueil déçu, de chagrin, de peine,
— de l'amour tout de même. Ils vivaient
entourés de mille soins, de constantes atten-
tions ; ils en sont soudainement privés. Ce
changement d'habitudes est affreusement
douloureux. Ils commencent à souffrir avec
bien plus de force qu'ils n'en ont mis à
aimer ; l'image de leur rival les poursuit ;
ils connaissent les crises affreuses que
nous venons de décrire et les périodes de
quasi mort où il semble que toute sensibilité ait disparu en vous. Ils gardaient, dans
l'amour, du sang-froid, un raisonnement clair,
la faculté de railler soi-même et les autres ;
maintenant ils sont aveuglés, ils perdent la
tête. Ils n'ont jamais fait de folies par amour ;
ils en commettent cent par jalousie.

Alors seulement ils sentent la perte qu'ils
ont faite. Ce qu'ils feignaient de mépriser
avait donc tant de prix !... Ah ! si cela était à
recommencer !... Mais, en amour, on ne
recommence pas.

Il y a des jaloux sans imagination. Ils ne croient que ce qu'ils voient.

Que leur femme soit dehors toute la journée, qu'elle voyage au loin, ils ne s'émeuvent pas. Ils sont trompés au vu et au su de toute la ville sans que leur béatitude bornée et maritale en soit troublée.

Mais aperçoivent-ils une fois un coquebin faisant la cour publiquement à leur femme, ils se déchaînent.

La jalousie est souvent le sentiment d'un être faible, sans défense, qui s'accroche éperdument à ce qu'il a. S'il le perd, il voit devant lui un vide affreux qu'il ne pourra combler.

Une femme me dit : « Lorsque j'ai vu que mon ami commençait à changer, je supportai sans me plaindre son silence, sa froideur. Je supposais qu'il aimait ailleurs. Tant qu'il était près de moi, je n'en étais presque pas malheureuse. Mais dès qu'il m'avait quittée, tout m'était inquiétudes et douleurs. Je ne supportais même pas qu'il parlât à une femme dans le salon où j'étais. Je devinais les mots, les sous-entendus; je voyais ses regards, ce qu'ils demandaient, ce qu'ils promettaient. C'était une souffrance atroce. Plus tard j'ai su quelle femme il aimait. J'étais heureuse encore quand il venait me voir. Je ne lui ai jamais fait de reproches. Mais son absence me tuait... »

Il y a les jaloux qui se taisent. Il y a les jaloux qui éclatent. Nous sommes résolûment en faveur des premiers. Si votre vie est empoisonnée, il est inutile d'empoisonner celle de votre conjoint.

Quant à la jalousie preuve d'amour, je renvoie à la pensée célèbre de J. P. Toulet : « La jalousie est une preuve d'amour comme la goutte de jambes. »

La jalousie est le meilleur antidote connu de l'amour. Elle le tue certainement... chez l'autre.

Vous serez accablé de scènes de jalousie. Jamais vous ne ferez avouer à celle qui les fait qu'elle est jalouse. On se cache de la jalousie comme d'une maladie honteuse.

Mais il n'est pas au pouvoir de chacun d'en maîtriser les effets. Alors on leur attribue une autre cause. — « Ce que vous faites m'est indifférent puisque je ne vous aime plus, mais je ne veux pas que vous me preniez pour dupe. » — Ou bien : « Vous vous affichez d'une manière ridicule et blessante pour moi, etc., etc... »

La jalousie semble inconnue au monde arabe. Et la possession paraît y tuer l'amour. On ne verrait pas trace de jalousie dans *Les Mille Nuits et une Nuit,* si la trame lâche qui unit les contes ne se trouvait précisément dans la jalousie du roi Schahriar qui, de peur d'être trompé, fait tuer chaque matin la femme avec laquelle il vient de passer la nuit.

Schahriar mis à part, je ne vois pas dans ce livre de jaloux, mais j'y trouve des hommes très amoureux. Ils passent à travers cent épreuves pour avoir celle qu'ils aiment. Du jour où ils la possèdent, c'est fini. La femme devient sans valeur. Au besoin ils la donnent à un ami, à un chambellan.

Ce livre oriental ne nous renseigne pas sur les sentiments de la femme. Ce sont choses qui, aux yeux des Arabes, sont sans importance et dont un homme ne se préoccupe pas.

Les faiseurs de systèmes imaginent une humanité où l'homme ne sera plus jaloux, où il se défera de ce qu'ils appellent un legs de l'animalité, un reste du passé sauvage.

Le malheur est que la jalousie, bien loin de nous venir de notre origine animale, est un produit purement humain. Les animaux ne le connaissent pas (elle commence faiblement

aux animaux domestiqués qui vivent dans la
la compagnie de l'homme, les chiens). C'est
nous qui l'avons créée, comme nous avons
créé l'amour complet qui n'est plus un simple
acte physique, mais où le sentiment et la
sensibilité jouent un rôle égal. Ce n'est donc
pas par la jalousie que nous nous rattachons
à l'animalité. Elle existe à peine dans les races
primitives ou sauvages. Nous l'avons développée et perfectionnée merveilleusement depuis l'époque — si elle a existé — où la promiscuité était de règle et la femme commune à
tous. On a fait un pas en avant, on a enre-
gistré un progrès réel dans l'histoire de
l'humanité le jour où un homme a voulu une
femme pour lui seul et a défendu qu'un autre
homme s'en approchât. Ce jour-là, la naissance
de la jalousie était rendue possible. Le progrès
des mœurs l'appelait au monde. Elle y a connu
une merveilleuse fortune et rien ne fait pré-
voir que son temps soit fini. Au contraire.

Pourquoi a-t-on fait d'Othello le type du
jaloux. Othello n'est pas un jaloux. Il est

simple et crédule. De lui-même il n'aurait pas l'idée de soupçonner Desdemone. Othello est, au contraire, le type du confiant. Il a confiance, d'abord, en Desdemone, ensuite en Iago. Il ne suspecte rien. Il faut un affreux complot et la perfidie intelligente d'Iago pour abuser l'âme droite et pure du More. Iago fait naître en lui le soupçon. Il va jusqu'à lui donner des preuves matérielles de l'amour de Desdemone pour Cassio. Une fois averti, la brute est déchaînée; Othello trompé et furieux tue la femme qu'il croit adultère,

Le jaloux procède autrement. Tout lui est un signe; il interprète chaque chose suivant sa folie.

Dostoievski a, je crois, indiqué cela quelque part, brièvement.

Le véritable jaloux au théâtre, c'est Golaud, dans *Pelléas et Mélisande.*

Je ne vois nulle part un portrait plus impitoyablement poussé, d'une plus affreuse vérité.

Golaud est beaucoup plus âgé que sa femme.

Plus encore que l'âge, la différence de leurs natures l'inquiète. Il est gros, maladroit, rude, emporté, il aime la chasse et les plaisirs bruyants ; elle est fine, délicate, oisive, venue on ne sait d'où, allant on ne sait où... Près d'elle, le jeune et mélancolique Pelléas. Ils ne se quittent pas ; leurs jeux, leurs causeries, leurs promenades, leurs silences, ils mettent tout en commun.

Golaud souffre de l'intimité de son frère avec Mélisande. Leurs jeux puérils l'alarment. Le soupçon entre dans son cœur et n'en sortira plus. « Qu'y a-t-il entre eux ? S'aiment-ils ? » ...Mais comment savoir ce qu'ils ignorent eux-mêmes ? Tourmenté, il erre dans la nuit. Sous la fenêtre de Mélisande, il trouve Pelléas, l'innocent et tendre Pelléas, caressant les cheveux dorés qui tombent du balcon. — « Vous êtes des enfants, dit-il, mais il faut que cela finisse. » On sent gronder la passion ; déjà l'idée de la mort de Pelléas est en lui. Il le mène dans les souterrains du château ; une eau sombre les emplit. Va-t-il précipiter son frère dans le gouffre redoutable ?... La lanterne qu'il porte à la main tremble de la lutte qu'il soutient contre lui-même et envoie d'oscillantes lueurs sur les pierres rongées par l'humidité.

Puis c'est la scène avec le petit Yniold ; la jalousie de Golaud est déchaînée ; il ne peut supporter l'incertitude... Il fait espionner Mélisande et Pelléas par son fils, par le petit Yniold ; il l'interroge âprement, d'une voix changée. L'enfant terrifié se trouble, balbutie... Voyez cet homme vieilli qui soulève dans ses bras un enfant pour le hausser jusqu'à la fenêtre de la chambre où Pelléas et Mélisande sont enfermés. — « Que disent-ils ? Que font-ils ? » L'enfant rapporte les paroles échangées, dit les gestes caressants de Pelléas. La main forte de Golaud se crispe sur le petit Yniold ; l'enfant pleure.

Quel homme de théâtre nous montra jamais une plus effroyable peinture de la jalousie ?

A présent Golaud est fou, il tient à Mélisande des propos incohérents, il la secoue, il la jette à terre ; il la tuerait... Non, il s'en va, le cœur rongé, sa grande épée à la main ; la Jalousie le précède et la Mort le suit.

Près de la fontaine où il surprend dans la nuit Pelléas et Mélisande, il transperce son frère...

Entre des draps pâles, petit être plus pâle, Mélisande maintenant agonise dans son lit. Elle va mourir... Golaud, farouche, se lamente. Il demande à rester seul avec elle; le vieil Arkel et le docteur se retirent. Il se met à genoux près du lit; son cœur est déchiré de douleur... mais, même à ce moment dernier la jalousie l'emporte. Il adjure Mélisande de lui dire la vérité. — A-t-elle aimé Pelléas? — Mais oui, toujours... répond la mourante. — A-t-elle été à lui? — Elle n'entend plus, elle est déjà trop loin... En vain la supplie-t-il? — La vérité, la vérité! Mélisande!... Il dispute à la mort le dernier souffle de sa femme; il faut qu'il sache tout; mais c'est la mort qui l'emporte et ferme les lèvres décolorées de Mélisande sur le grand secret que Golaud ne saura jamais.

<h1 style="text-align:center">VIII</h1>

<h2 style="text-align:center">LES RUPTURES</h2>

L'éternel dialogue.

— Tu ne m'aimes plus ? Quel homme es-tu donc ?... J'ai cru en toi, je me suis donnée, je t'ai tout sacrifié. Avant toi, j'étais une honnête femme, maintenant je me regarde avec dégoût... Et tu me quittes !

— Ai-je été libre de vous aimer ? Le suis-je de ne vous aimer plus ? Quelle idée vous faites-vous donc de l'amour ? Croyez-vous qu'il soit fait pour durer toujours comme cette pâle lumière qui brûle sur les autels et qu'entretiennent des hommes qui ne sont pas des hommes ?... Non, il n'est rien s'il n'est violent, excessif, tourmenté, s'il n'est éclatant et rapide comme un bolide dans une nuit d'été, qui, soudain, vous montre les campagnes endormies, tout un paysage magnifique qui était dans l'obscurité et qui va y retomber.

Je ne vous aime plus... C'est vrai. Ne suis-je pas à plaindre autant que vous? Hier encore j'attachais un prix infini à votre beauté, à votre tendresse. Aujourd'hui, je vous regarde sans émotion. Vous êtes morte à mes yeux. Croyez-vous que je ne sente pas le prix de ce que j'ai perdu?

Vous vous êtes donnée parce que vous ne pouviez résister, non pas à moi, mais à vous-même, à l'entraînement secret, impérieux, qui vous poussait dans mes bras.

Je pars... Où vais-je? je n'en sais rien. Trouverai-je une femme que je puisse aimer comme je vous ai aimée?... Peut-être jamais? peut-être dans un an? peut-être dans un mois?... En attendant je resterai seul, car je me connais, je ne vais pas dans les endroits où l'on donne, à peu de frais, le change aux passions. Je resterai héroïquement seul jusqu'au jour où je frémirai en rencontrant une femme dont le regard, la démarche, un je ne sais quoi de triste et de

passionné dans le pli de la bouche m'arrê-
teront soudain... Auprès d'elle, je redevien-
drai libre, heureux, confiant; je vivrai à nouveau ces belles heures d'expansion que seul
l'amour naissant connaît; je lui parlerai
comme je sais le faire alors; je l'associerai à ce
qu'il y a de meilleur, de plus profond, de plus
intime en moi. Elle me regardera silencieuse
et, un jour, au crépuscule, dans l'ombre de
son salon, alors que le soleil s'enfonce derrière les coteaux de Saint-Cloud, elle appuiera
sa tête sur mon épaule...

— Vous me tuez !

— Et, six mois ou un an plus tard, nous
nous quitterons comme je vous quitte, parce
que nous nous serons donné tout ce que des
êtres humains et bornés peuvent se donner
de joies et de souffrances, et qu'il ne nous
restera rien de plus à mettre en commun. Je
partirai de nouveau, en un jour comme celui-
ci, le cœur vide...

— Elle restera, le cœur plein de désespoir.

— C'est encore quelque chose.

Quelle chaîne est plus difficile à rompre que celle qu'a forgée entre deux chairs lentement, ardemment, la sensualité?

Pierre me dit : « J'avais quitté enfin cette jolie Dolly que vous avez connue et avec qui j'avais vécu trois ans. Je l'avais aimée trois semaines. Depuis, je m'étais détaché d'elle et je ne songeais qu'à rompre. Mais elle tenait à moi et je n'avais pas le courage de m'en aller. Enfin je la quittai... J'étais comme un homme qui a été longtemps enfermé, ivre de soleil, de joie, de liberté. Le jour durant, je ne pensais à Dolly que pour me féliciter d'avoir reconquis mon indépendance; j'avais des maîtresses que je n'aimais pas, mais qui me plaisaient... Eh bien ! le croiriez-vous ? A ce moment-là, il n'y a pas eu une nuit où je n'aie été poursuivi sur mon oreiller par le souvenir de Dolly; je la voyais près de moi, je tendais les bras pour la prendre; je l'appelais du fond

de ma solitude, je souffrais de toute ma chair ;
je la désirais comme jamais je ne l'avais
désirée alors qu'elle était à moi... La crise
dura près de trois mois. »

Il est des hommes dont le bonheur est dans
le changement. L'un d'eux me dit :

— Je ne sens le prix que des choses qui
m'échappent. Je les aime, et je sais que je les
perdrai, que je serai impuissant à les retenir,
qu'elles mourront bientôt en moi... Comment
aimer une chose que l'on est sûr de posséder
toujours ?... Comment la regarder passionnément si l'on est certain qu'elle sera là
demain comme elle y était hier ?

Combien le sentiment de la précarité des
choses n'ajoute-t-il pas de trouble et de beauté
à l'amour ?

Je presse mon amie dans mes bras ; je cou-
vre son fin visage de baisers et je lui dis :
« Demain, tout sera fini entre nous. La vie
qui nous a rapprochés nous séparera. Je pas-
serai près de toi indifférent, alors qu'en ce
moment je sens à te baiser une fièvre et une

langueur telles qu'il semble que ma vie coule en toi par mes lèvres et que tu me la dérobes !... Demain je ne t'aimerai plus... Il faut que tu me donnes l'illusion de l'éternité en quelques heures ; il faut aussi qu'au bref moment où je je te possède, je sois oppressé par l'idée que je te perds. Tes beautés s'évanouiront pour moi comme des ombres, et disparaîtront la caresse de ton regard, l'éclat magique de tes yeux, la fraîcheur enfantine de ta bouche... Tu ne seras plus qu'une femme parmi d'autres femmes... »

Et, parlant ainsi, ma gorge est serrée par l'angoisse de la mort prochaine.

Certains hommes sont maîtres dans l'art de rompre. Ils ont préparé leur départ en même temps qu'ils ont combiné leur arrivée. Cette méthode a le désavantage de tuer toute spontanéité et de ne laisser rien au divin hasard. Comment faire pour rompre avec le minimum d'ennuis ? Arriver à persuader à la femme qu'elle ne vous aime plus ? C'est difficile. Il y a des femmes qui s'attachent.

S'endurcir le cœur, annoncer que tout est fini et supporter impassible la scène inévitable?... S'il n'y avait qu'une scène, la chose serait facile. Mais la femme que l'on quitte ne connaît pas la mesure et c'est en vain que vous lui demanderez du tact et de la discrétion. Et puis vous risquez de vous laisser toucher, et l'histoire recommence...

Il est peut-être plus simple et plus efficace de fuir. Seuls les hommes forts, les héros, les Titans, peuvent porter sur leurs larges épaules le poids d'une rupture sans fuite. Pour les autres il n'est qu'une solution : partir, et ne laisser son adresse à âme qui vive.

Les gens raisonnables qui n'ont pas aimé et dont l'esprit simple est inaccessible aux folles contradictions de l'amour ne comprendront rien à ce qui va suivre. Pour eux le problème se pose avec une rigueur mathématique : « Si vous n'aimez plus une femme, vous n'éprouvez aucune peine à la quitter. Si vous l'aimez, ne la quittez pas. »

Et voilà !

Dans la vie, il en va autrement. Pour ne pas généraliser, je vais prendre l'exemple typique de Jacques L..., qui a mis dix-huit mois à rompre avec sa maîtresse.

Il tombe amoureux d'une femme plus âgée que lui et qui avait eu plusieurs amants, une femme impérieuse, exclusive, jalouse, autoritaire, ne vivant que pour sa passion dans une atmosphère de tempête.

C'est une de ces femmes avec lesquelles on n'a aucun repos. Leur amant les a quittées à trois heures du matin; elles arrivent chez lui une heure plus tard. Elles savent tout de sa vie, gagnent les faveurs d'une demoiselle de téléphone et obtiennent d'être branchées sur sa ligne chaque fois qu'il téléphonera; s'il dîne en ville, elles lui envoient un message au milieu du repas avec ordre de rapporter la la réponse; elles soudoyent son domestique, apprennent le nom de chaque personne qu'il voit, adressent à celles qui leur paraissent dangereuses des lettres anonymes ou leur téléphonent des injures. Elles enveloppent le malheureux dans des intrigues compliquées, le brouillent avec ses amis, avec la terre entière. Elles peuvent être des amies charmantes,

elles sont des amantes tenaces et insupportables. Une fois que vous êtes tombé dans leurs
bras, vous avez peu de chances d'en sortir.

Pourtant elles ont des qualités, et grandes,
sans quoi elles ne se feraient pas aimer des
hommes.

C'est à une femme de ce genre que s'atta-
cha Jacques L... Jacques est un garçon im-
pulsif, nerveux, incapable d'une volonté sui-
vie. Il fut bien vite sous la domination de
cette impérieuse maîtresse qui le soumit au
même régime que ses prédécesseurs : scène
de passion, crises de jalousie, nuits orageuses
suivies de matins tempétueux, brouilles et
réconciliations, visites inattendues, coups
de téléphone incessants. Après deux mois de
cette vie il était dans un état de nerfs inquié-
tant; il adorait cette femme et ne songeait
qu'à la quitter, à fuir, très loin...

A ce moment, première absence. Dans une
minute unique de courage il part pour La
Haye, soi-disant pour affaires. Il ne veut pas
rompre, il ne l'ose pas, il s'éloigne seulement, et, chaque jour, ce sont entre Paris et
La Haye des télégrammes, des lettres, de
longues conversations par téléphone. Elle le

tient en son pouvoir à La Haye comme à Paris. Finalement elle va le chercher et le ramène. La vie infernale recommence; en trois semaines le voilà malade, épuisé, à bout de nerfs. Il part de nouveau; cette fois-ci il met deux mille kilomètres en elle et lui et s'en va en Russie. Les amants ne peuvent plus se téléphoner; ils se ruinent en télégrammes.

Mais il ne peut supporter cette absence enfiévrée, il rentre. Il rentre pour s'apercevoir qu'il lui est impossible de vivre avec elle. Il veut fuir encore; il n'en a plus la force, il est comme paralysé. Elle a remporté la victoire...

C'est alors qu'un ami intervient, prend Jacques L... par le bras, le mène à six heures du soir au bureau de la Compagnie transatlantique, lui prend un billet pour le bateau du lendemain à destination de New-York, et, sans le laisser rentrer à la maison lui achète une valise avec le linge et les vêtements nécessaires pour la traversée. Il monte à dix heures avec lui dans le train spécial pour Le Havre, l'installe sur le bateau, et ne le quitte qu'au moment où le paquebot lève l'ancre.

Jacques L... a couru le monde en vagabond, ne séjournant jamais plus de trois jours dans le même endroit. Il est resté absent une année. Pendant les six premiers mois, il a continué à écrire à sa maîtresse sans oser lui dire, même à la distance où il était d'elle, qu'il avait rompu. Il cherche des prétextes, al lègue des affaires, mais ne donne jamais son adresse. Puis, enfin, le silence.

Mais, elle, de Paris, continue à lui écrire. Elle s'arrange, on ne sait comment, pour avoir l'adresse de ses banquiers. Dans chaque ville où il touche de l'argent, il trouve une lettre d'elle.

En Californie, il se lie avec une Américaine qui veut quitter son pays ; ils voyagent ensemble à travers l'Amérique et finalement re ntrent tous deux en Europe.

Cependant son ancienne maîtresse l'attend. Elle a eu d'autres amants pendant son absence ; pourtant elle ne dérage pas à l'idée d'avoir été quittée. Elle fait un dernier effort pour le reprendre. Mais cette fois-ci il est trop tard, il est sous la domination d'une autre femme...

Ainsi dix-huit mois lui ont été nécessaires

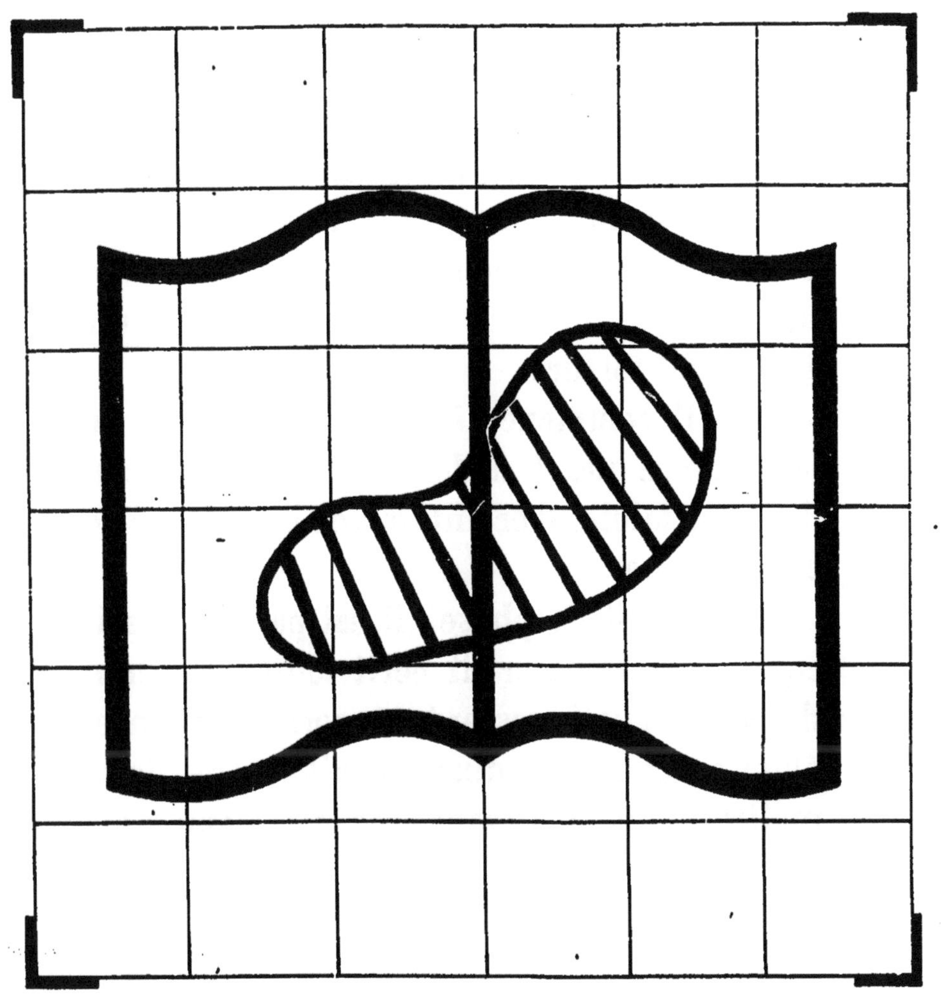

pour rompre une liaison; il a fallu qu'il voyageât en Hollande, en Russie, qu'il visitât le Nouveau-Monde et fît là connaissance d'une Californienne.

On voit clairement dans l'histoire qui précède quelle est la triste situation d'un homme faible lorsqu'il veut quitter une femme qui le domine. Pendant la première période fort douloureuse, il ne peut vivre ni avec, ni sans sa maîtresse. Près d'elle et loin d'elle, il est également torturé.

Puis il commence à souffrir davantage de la présence que de l'absence. Mais il a peur, il se sent faible, il craint tout de la violence de cette femme.

A la troisième phase, il est parti. Mais il continue à trembler! il écrit toujours. Enfin il a le courage de cesser toute correspondance, étant exactement à dix mille kilomètres de sa maîtresse et ne l'ayant pas vue depuis six mois...

Un grand nombre de femmes prolongent leur règne par la terreur; elles n'hésitent pas à mettre en jeu les moyens les plus grossiers;

elles pratiquent le chantage moral, menacent leur amant de se suicider ou de le tuer... On serait étonné de savoir combien de liaisons ne durent que sous le canon du revolver.

Un des effets les plus tristes des ruptures est souvent de donner de l'amour à qui n'en avait pas.

Il est des gens — surtout des femmes — qui n'attendent que d'être quittés pour commencer à aimer. L'amour-propre est chez eux tout-puissant; ils ne peuvent admettre qu'on cesse de les adorer. Si telle mésaventure leur échoit, au lieu d'en ressentir de la colère, ou d'en prendre leur parti, ils éprouvent une affreuse blessure d'amour-propre, et comme il leur en coûterait de reconnaître la nature de leur mal, ils s'imaginent qu'ils aiment. S'ils conservaient une vue un peu claire, ils verraient qu'ils s'attachent seulement à qui se détache d'eux... Ils souffrent mille fois davantage si leur aventure est publique.

C'est ainsi qu'on a vu, avec étonnement,

des gens qui ne s'aimaient pas rompre dans la douleur, le deuil et les cris une liaison qui leur pesait à tous deux.

Il faut savoir pour quelles raisons on s'est pris.

S'est-on mis ensemble pour associer des intérêts, pour continuer une maison, pour avoir une famille? Il est alors naturel que le ménage reste uni, même si l'amour en disparaît, car les raisons pour lesquelles il avait été créé continuent d'être aujourd'hui comme hier.

Mais lorsqu'on s'est lié seulement par amour et pour l'amour, que faire lorsque la passion meurt chez l'un des deux contractants? L'autre a-t-il le droit de le contraindre à continuer une liaison qui n'était fondée que sur l'amour réciproque des deux parties? Mais qu'est-ce qu'une contrainte en matière de sentiment? Comment condamner une femme qui a cessé d'aimer à aimer encore? en vertu de quel______________ par quel tribunal?

L'égoïsme de celui des ______________

longer malgré tout n'est-il pas égal à l'égoïsme de celui qui veut rompre puisqu'il n'aime plus? La logique du sentiment n'est-elle pas en faveur de ce dernier? Ce qu'il a demandé au nom de l'amour, il le rejette maintenant que l'amour n'est plus. Il lui est impossible de donner par pitié ce que l'autre ne devrait tenir que de l'amour. Il s'en va... Et que dire de plus?

IX

L'AMOUR ET L'ÉGLISE

Les rapports de l'Église et de l'amour sont d'un comique profond. L'Église ne connaît ni la volupté, ni la restriction. Elle défend les plaisirs raffinés de l'amour et n'admet le rapprochement normal de l'époux et de l'épouse qu'en vue de la reproduction. Les joies stériles sont péchés mortels au même titre que le meurtre ; elles sont, en effet, un meurtre en herbe. Jouir de sa femme légitime sans la féconder, et tuer un homme, c'est tout un aux yeux de l'Église.

On demande combien il y a d'époux chrétiens qui obéissent à l'Église ? Et si, avec obstination, ils ne suivent pas ses saints commandements, restent-ils chrétiens ?— Ce qu'il faudrait démontrer.

Si on osait soupçonner l'Église de perversité, on verrait dans cette défense si stricte un moyen ingénieux de donner aux joies légitimes du mariage l'attrait du fruit défendu.

Les époux chrétiens auraient ainsi, à la semaine, l'illusion de se damner, sans bourse délier, dans le lit conjugal.

Madeleine prie chaque matin et chaque soir, et communie six fois l'an. Elle se croit bonne chrétienne ; elle l'est peut-être, car elle a, en plus de la foi qui, à elle seule, suffit à tout, l'humilité du cœur qui est plus rare.

Mais Madeleine est belle aussi. Le soir, dans le monde, elle est décolletée jusqu'aux limites qu'on ne peut franchir. Elle laisse voir des épaules admirables, une chair riche, blanche, sous laquelle on devine le sang qui court.

— Est-ce vous, Madeleine, qui vous décolletez ainsi ? Ne sentez-vous pas l'émoi des hommes qui vous approchent. Ils voient tant de vous qu'ils en voudraient voir plus encore.

Qu'est-ce, Madeleine, que cette honnêteté qui va demi-nue ? Cet étalage de chair est-il selon la modestie, selon l'humilité ? disons tout, est-il vraiment chrétien ?

Vous passez, Madeleine, indifférente. Ce que le monde fait, vous le faites aussi. Votre conscience, si chatouilleuse, si délicate sur d'autres points, ne s'alarme pas.

Rentrée chez vous, toute blanche maintenant dans une chemise de nuit transparente aux entre-deux de dentelles, agenouillée sur le prie-Dieu, c'est des lèvres seulement que vous prononcez les paroles séculaires: « Ne nous induis pas en tentation. »

Henriette a vingt-cinq ans. Elle est sage, modeste, jolie. A dix-huit ans, au sortir du couvent, elle a épousé, sur le conseil de ses parents, un homme qui, six semaines plus tard, quittait le lit d'Henriette pour celui, voisin, de la femme de chambre. Avec fracas, les parents d'Henriette sont intervenus ; il y a eu divorce.

Maintenant, Henriette aime un honnête

homme qui l'aime aussi. Ils voudraient se marier, faire souche de beaux enfants. Mais l'Église est là qui veille.

Elle dit à Henriette qui est restée chrétienne : « Nous n'avons pu vous empêcher de divorcer, mais nous ne vous permettons pas de vous remarier. Vous n'irez pas à la mairie accomplir ce simulacre impie du mariage civil ; vous ne donnerez pas le scandale d'une chrétienne vivant en état de concubinage public avec un homme, et en ayant des enfants. »

Henriette se retire songeuse. Suivra-t-elle la voix de l'Église? restera-t-elle honnête selon la pieuse doctrine? Acceptera-t-elle le conseil implicite qu'on vient de lui glisser et prendra-t-elle comme amant clandestin celui que l'Église lui refuse comme mari? — Ou plus honnête encore, quittera-t-elle l'Église pour épouser celui qu'elle aime?

Il est beau d'avoir des principes.

L'Église n'admet pas le divorce. Donc les femmes divorcées et remariées sont hors la loi. On sait enfin qui on peut voir et à qui on doit fermer sa porte. Il y a maintenant une règle. Elle nous manquait et rien n'était plus pénible aux bons esprits que l'indécision où l'on était sur ce qui est permis et sur ce qui ne l'est pas.

Dorénavant nous sommes fixés. On peut recevoir n'importe qui, mais pas les divorcées. Le sacrement de mariage sauve tout. « Du moment que l'Église vous accepte, je vous accepte aussi. Prenez vingt amants, mais ne prenez pas deux maris. »

Voilà qui est simple, facile, rassurant, et, grâce à l'Église, les mœurs sont sauvées au pays de France.

On a vu de nos jours une femme être reçue dans le monde, bien que divorcée, et même deux fois divorcée.

Il est vrai que cette femme à ses deux premiers mariages n'avait passé qu'à la mairie. A son troisième mariage enfin, elle va se confesser et se met en règle avec l'Église. Aussitôt les portes fermées s'ouvrent; aux yeux du monde et à ceux de l'Église, elle est mariée pour la première fois; on ignore charitablement qu'elle a vécu en état de concubinage légal avec deux hommes auparavant.

Je ne blâme pas le monde. Il faut comprendre que le monde se refuse à juger au delà des apparences. Il a parfaitement raison. La vie de société serait impossible si l'on reconnaissait aux gens le droit de se mêler de notre vie secrète. Nous en faisons ce qui nous plaît.

D'autre part le monde n'aime pas le cynisme. Ici encore, je l'approuve. Il demande peu de choses : qu'on accepte les conventions qu'il a fixées et les règles du jeu. — Pour le reste, liberté complète.

Mais l'Église n'est pas le monde. Elle ne doit pas s'arrêter aux apparences. Elle détient la Vérité; elle a des principes, elle devrait les appliquer... Mais elle sent bien que c'est impossible. Alors elle donne et elle retient; elle condamne en absolvant et elle absout en condamnant; elle frappe et pardonne... et nous, tranquilles sur la rive, nous la regardons faire.

« Malheur à celui par qui le scandale arrive. » C'est le grand mot de l'Église. Elle est toute indulgence pour les péchés honteux et qui se cachent.

Jamais on n'admirera assez ce qu'il y a d'intransigeance, inutile et absurde, dans le dogme et de tolérance allant jusqu'à la faiblesse dans l'application du dogme. Mais quoi ? Il faut vivre.

Le grand péché pour l'Église est le péché de la chair. — Croit-elle donc représenter l'esprit ?

— Je me suis toujours bien trouvé, me dit R..., de ne prendre que des maîtresses allant à confesse. Avec elles j'étais sûr que tout se

passerait sans scandale. Parfois, il est vrai, me fallait-il batailler pour reprendre une femme qui se donnait à Dieu. Mais ce sont de beaux combats dont l'amour sort plus souple et plus fort. Et il y a un certain orgueil à lutter, comme Jacob, contre l'Éternel et à remporter la victoire. Victoire passagère, direz-vous... Eh ! qu'importe ? Nous ne demandons pas l'éternité. Nous ne saurions qu'en faire. Nous la laissons à Dieu.

DES PRÊTRES

Le prêtre qui ne connaît pas la femme et qui s'occupe d'amour ! Avec quelle grossièreté, trop souvent, il touche au fruit défendu ! Qui a pu voir, sans un secret mouvement de répugnance, une femme jeune, tendre, jolie, agenouillée à une grille derrière laquelle il y a un homme en robe ?

La plupart des prêtres sont inoffensifs et bénins. S'ils évitent à leurs pénitentes le scandale, ils n'en demandent pas davantage.

Mais il en est dont l'âme dominatrice et sombre veut régner, fût-ce par la terreur. Ils n'hésitent pas à employer des armes défendues...

R... était aimé d'une femme de famille pieuse. Elle n'avait plus la foi, mais gardait comme il convient, les apparences. Son confesseur, un des grands curés de Paris, un homme rongé de bile, la prend un jour à part dans la sacristie et lui dit : « Pour avoir perdu la foi, il faut que vous aimiez un athée. Seul un homme sans Dieu a pu vous enlever à nous. »

Elle se défend mal contre cette attaque imprévue. Il redouble, il la presse, et impuissant à la ramener, il finit par lui dire : « Dieu vous punira de votre rébellion en vos enfants. Il vous en reprendra un. Vous saurez alors que vous êtes responsable de cette mort. »

Elle ne bronche pas. Alors, ne se possédant plus, le visage livide, il lui jette : « Puisque rien d'humain ne vous touche, sachez que chaque matin, à sept heures, je prierai Dieu pour qu'il châtie l'homme abominable que vous aimez. Je demanderai que les épreuves ne lui soient point épargnées, qu'il connaisse la douleur, la souffrance physique, et les désastres matériels qui seuls peuvent atteindre son âme impie. Lorsqu'il aura été frappé à cause de vous, vous nous reviendrez soumise. »

Cette fois-ci, les terreurs anciennes la reprennent. Si tout de même il disait vrai, ce prêtre horrible, s'il avait ce pouvoir surhumain ?... Elle fuit éperdue, va tomber dans les bras de son amant et lui annonce que tout doit finir entre eux.

Soyons tout de même reconnaissants à la religion catholique de ce qu'elle prépare admirablement les âmes à l'amour, par l'habitude qu'elle leur donne de ne pas se poser des questions inutiles, par une sorte d'acceptation de ce qui est et de notre état misérable de pécheur (quitte à en demander pardon à Dieu), par la sensualité de ses cérémonies.

Elle reçoit les femmes dans de belles églises où la lumière est tamisée par des vitraux ; des tableaux, des statues les ornent ;

l'air est plein de l'odeur troublante de l'en-
cens ; les grandes voix persuasives de l'orgue
chantent dans le demi-jour mystique. Elle
sait qu'elle ne doit pas s'adresser à la raison
de ceux qu'elle veut gagner ; c'est sur les
sens qu'il faut agir ; c'est eux qu'elle cherche
à séduire. Lorsqu'elle a « chaviré les sens »
des fidèles, la partie est à elle ; ils ne raisonnent plus, ils acceptent avec joie ce qu'elle
leur offre.

C'est ainsi qu'elle prépare les voies à
l'amour. Il emploie la même tactique ; il ne
se soucie pas de conquérir l'intelligence, il
veut arriver au cœur par le canal des sens. Il
ne discute pas, il émeut.

Le langage même de l'Église est pareil à
celui de l'amour. Voici une méditation religieuse proposée aux jeunes filles sur les mys-
tères de la circoncision !

« 1er point : *Vue*. — Regardons ce pauvre
Jésus... le prêtre qui entre dans l'étable pour
la circoncision... le prêtre fait l'incision..., le
sang coule... le petit Jésus se débat douce-

ment... Regardons ce sang divin ! O sang de mon Jésus !...

» 2° point : *Ouïe*. — Écoutons ce que disent les anges.

» 3° point : *Goût*. — Goûtons l'amertume dont le cœur de Marie est abreuvé... la souffrance que Jésus endure dans sa chair !

» 4° point : *Odorat*. — Attirons à nous par l'odorat et par forme de respiration intérieure les parfums de tant de vertus. Reposons-nous, comme l'abeille, sur ces fleurs de mortification. Aspirons, respirons au milieu de ces douces odeurs ; c'est un plaisir doux, divin, céleste !...

5° point : *Toucher*. — Touchons ce couteau sanglant, baisons-le, plaçons-le sur notre cœur !... Ah ! si nous pouvions écrire de sa pointe sur ce cœur le nom aimable de Jésus !... »

Même adoration éperdue dans les prières de la communion. Faut-il citer ces paroles que chaque catholique doit connaître par cœur ? Voici seulement « l'Acte d'amour. »

« J'ai donc enfin le bonheur de vous posséder, ô Dieu d'amour. Quelle bonté! Que ne puis-je y répondre! Que ne suis-je tout cœur pour vous aimer, pour vous aimer autant que vous êtes aimable, et pour n'aimer que vous! Embrasez-moi, mon Dieu! brûlez, consumez mon cœur de votre amour. Mon bien-aimé est à moi; Jésus, l'aimable Jésus se donne à moi. Anges du ciel, Mère de mon Dieu, Saints du ciel et de la terre, donnez-moi votre amour pour aimer mon aimable Jésus. »

Voilà qui apprend merveilleusement le langage de l'amour aux jeunes filles. Lorsqu'elles ont prononcé ces mots ardents, quelle langueur coule dans leurs veines! Comme elles sont prêtes à aimer! — Vienne un homme, et elles se serviront avec lui des paroles mêmes que l'Église met dans leur bouche à l'adresse de l'Amant mystique.

DE L'UTILITÉ DU PRÊTRE
ET DES BIENFAITS DE LA CONFESSION

Cet homme sombre, au visage rasé comme celui d'un comédien, qui porte une robe de femme, il nous est arrivé de le croire un organe inutile dans la société. Il n'était qu'un intermédiaire entre l'homme et Dieu, un transmetteur de prières, accapareur d'offrandes, diseur de messes pour le salut des âmes, distributeur des lieux communs de la morale officielle dans sa chaire le dimanche, vivotant tant bien que mal de ce curieux métier de commissionnaire patenté entre la terre et le ciel.

Mais son utilité réelle, nous ne la comprenions pas. Et nous nous étonnions de voir qu'il avait conservé dans la société une place, malgré tout, considérable. Il était, à nos yeux, pareil à cet appendice qui a joué jadis, paraît-il, un rôle important dans notre économie et qui est devenu un organe inutile à tous, sauf aux chirurgiens qui en vivent.

Nous étions dans l'erreur. Lorsque nous avons compris le rôle destructeur de l'amour dans la société, la raison d'être du prêtre nous est apparue soudain. Il est un des soutiens solides de la société. Et cela par le moyen de la confession.

L'amour ne vise qu'à détruire la famille, à en arracher l'individu en faisant miroiter devant ses yeux un bonheur suprême. Le prêtre défend la famille, et par les moyens les plus efficaces.

Voyez cette femme qui court au confessionnal. Depuis des semaines sa vie est bouleversée. Rien de ce qui l'occupait ne compte plus. Son mari, qu'elle croyait aimer, elle découvre qu'il lui est indifférent; ses enfants remplissaient ses jours de joie; ils lui sont à charge.

Une pensée, une seule, la harcèle nuit et jour... Est-ce elle vraiment qui a changé d'elle-même à ce point?... En être arrivée là! Si vite!... Non, ce n'est pas possible. Pourtant c'est vrai!

Ce secret lui brûle l'âme.

A qui se confier? Il n'est pas une personne au monde à qui elle puisse même laisser entrevoir la terrible vérité. Et voilà des jours et des jours qu'elle se torture!

Oui, elle aime, c'est vrai... Mon Dieu, de cela elle se sent à peine coupable, car comment faire autrement que d'aimer cet homme? Elle aurait dû l'aimer, jusqu'à en mourir peut-être, sans lui laisser voir ses sentiments. Mais tout le reste, « les choses qu'on n'écrit pas »!... Tromper son mari qui a confiance en elle ! Comme elle se sent coupable vis-à-vis de lui ! Il est à mille lieues de se douter du combat terrible qu'elle soutient. « Il a une confiance entière en moi, se dit-elle, cela est pire que tout. »

Alors une idée point dans ce cerveau affolé, et grandit, grandit, — celle de tout avouer à ce mari qui a été jusqu'ici l'unique compagnon de sa vie. Peu importe ce qui en résultera, son ménage brisé, ses enfants perdus, son mari au désespoir. Elle ne voit qu'une chose : le rachat de la faute par cet aveu nécessaire.

Cela, et puis sortir d'un silence affreux.

Mais avant de parler, elle veut aller prier, demander à Dieu la force d'accomplir ce qu'elle a résolu. Elle se confessera. Ainsi sera-t-elle en règle avec Dieu avant de l'être avec les hommes.

Elle entre dans l'église, s'agenouille au confessionnal : « Mon père, j'ai péché...! » Qu'elle a de peine à parler! Les mots ne sortent pas de sa gorge fermée. En quelques phrases pleines d'un détachement qui n'est pas feint, le prêtre l'apaise ; maintenant rien ne grince plus; elle se détend, elle se raconte et, à mesure qu'elle parle, elle se sent plus légère; elle dit tout, et, finalement, la peine qu'elle s'est imposée pour son péché, la résolution qu'elle a prise d'avouer sa faute à son mari.

Le prêtre sur son siège étroit a un mouvement de recul... Maintenant la pénitente a fini; à son tour il parle.

Le danger grave commence à ses yeux, non à l'adultère, mais à l'aveu au mari. L'adultère, le monde l'ignore. C'est une affaire à régler entre elle et Dieu, dont il est le truchement. Il y veillera, comme il est de son devoir de prêtre; elle n'a qu'à s'en remettre à lui. Mais surtout qu'elle se garde de parler à son mari. Elle n'a pas à se confesser à un époux. Dieu, qui est toute sagesse, a voulu que seul le prêtre ait le droit d'entendre les pécheurs en confession. Sans doute il reconnaît ce que cette décision a, en apparence, de noble, mais c'est là une tentation de plus du démon... Que deviendraient l'Église et sa hiérarchie, si on laissait aux brebis à chercher elles-mêmes leurs pâturages? La première chose que demande Dieu est la soumission. Et puisqu'elle déclare qu'il lui est impossible de ne pas parler à son mari, c'est précisément ce lourd devoir que Dieu lui impose en pénitence. Qu'elle ait confiance en Dieu. Il lui donnera la force de porter ce fardeau; Il est toute bonté; Il a offert son Fils pour racheter les péchés des hommes, etc., etc. Le prêtre termine par quelques sages conseils : voir moins souvent son ami, éviter d'être seule avec lui, se défendre des caresses innocentes si dangereuses entre gens qui s'aiment. Enfin prier Dieu, prier Dieu beaucoup.

Il la renvoie chez elle calmée.

Si elle compare son état moral avant et après la confession, comment douterait-elle des bienfaits de la religion ?... Elle ne dira rien à son mari, elle gardera son amant. La famille est sauvée, les enfants ne sont pas sacrifiés, le mari continue à goûter un bonheur qui, pour être aveugle, n'en est pas moins le bonheur : quant à elle, elle mène des jours fiévreux et non sans beauté. La vie, comme il arrive, se chargera de la séparer de son amant. Rémy de Gourmont dit quelque part: « Il est des adultères exquis, ils ne sont pas durables. »

Grâce au prêtre le scandale est évité, la société triomphe. Mais qui sait? l'individu lui-même est peut-être plus heureux ainsi et je ne vois pas de solution plus satisfaisante pour tous que celle-là?

Ce n'est pas la thèse qu'exalte Ibsen dans quelques-unes de ses pièces, thèse qui a une grande beauté et une force extrême d'attraction. Il est légitime de faire des sacrifices pour l'achèvement d'une haute destinée. Mais à la solution ibsénienne peuvent seules se hausser des âmes fortes. Elle n'a rien à faire dans le train ordinaire de la vie des hommes; elle sèmerait des ruines autour d'elle, car il n'est pas donné à chacun de jouer impunément avec l'absolu. Le bonheur de la plupart des hommes est dans une juste médiocrité. Ne fait pas figure de héros qui veut; la sagesse est peut-être de remplir exactement sa destinée, sans aller au delà...

Aussi, le plus souvent, l'aveu est-il dangereux et nuisible. Il risque de laisser platement dans la boue une femme sans force pour se créer une vie nouvelle, sans volonté pour réaliser l'idéal qu'elle a conçu dans un moment de fièvre... Souvent elle rentre au foyer abandonné; mais son action irréfléchie a des conséquences irréparables. Même si son mari la reprend, l'intimité est perdue; jamais plus leur union ne sera ce qu'elle a été.

Par conséquent le prêtre a mille fois raison d'intervenir pour empêcher la dommageable effusion. « Cachez la vérité, dit-il, rien n'est plus dangereux que la vérité? »

Du reste nous n'avons pas à discuter la question au point de vue d'une morale qui serait, en quelque sorte, extérieure à l'humanité. Restant parmi les hommes, déclarons que le prêtre qui est là pour défendre les règles sociales approuvées par l'Église, le mariage et la famille, est dans son rôle lorsqu'il ordonne à la femme le silence. Il protège ce qu'il doit protéger, et de façon efficace.

« Reprendre ma liberté », crient les femmes! Il y a une foule de femmes qui ne sauraient que faire de leur liberté et bien peu d'hommes pour qui il vaut la peine de se sacrifier. Du reste est-il sage de renoncer à des biens positifs et durables, position, respect, fortune, enfants, pour les bonheurs précaires de l'amour?

L'aveu, dira-t-on, est une solution extrême et qui ne se présente pas à l'esprit de beaucoup.de femmes.

C'est possible. Mais sans aller jusqu'à l'aveu, il y a la lutte avec soi-même, le remords, le désespoir, l'énorme poids du secret. L'utilité du prêtre est ici la même ; il vous débarrasse d'un accablant fardeau, il vous soulage, vous calme, évite un inutile scandale... On comprend pourquoi il continue à occuper une place importante dans la société.

A présent, vous me direz peut-être que vous ne tenez pas autrement à conserver la société actuelle et que vous ne ferez rien pour la défendre.

Cela, c'est un autre point de vue.

Nous venons de décrire le grand combat.

Toutes les femmes ne le livrent pas. Il en est qui ne connaissent pas le remords. (J'aimerais qu'on fît une exacte étude psychologique du remords). La plupart des femmes qui prennent un premier amant s'y décident après une lutte que les circonstances rendent plus ou moins longue. Même celles dont l'esprit est le plus affranchi ne se donnent pas aisément.

Le changement si grand dans les habitudes, la puissance séculaire de la tradition religieuse, morale et sociale selon laquelle la femme doit être la femme d'un seul homme, tout contribue à rendre difficile le passage du mari à l'amant.

Dans ce conflit l'amour a contre lui des adversaires redoutables et divers :

1° la pudeur d'abord, si naturelle à la femme. Comment se dévêtir devant un homme, se livrer nue à ses caresses ?

2° l'idée du partage, horrible à beaucoup de femmes, insurmontable pour certaines d'entre elles. Comment être à la fois la femme de deux hommes ?

3° les risques à courir, perdre sa réputation et, pire, sa position.

4° les enfants, ceux que l'on a, et ceux que l'on craint d'avoir.

5° le mensonge. Il y a des gens qui sont très mal faits pour mentir. Ce peut être une joie de tromper un mari jaloux; c'est une trahison de tromper un mari qui vous aime et qui a confiance en vous.

Je donne ces raisons sans ordre. En effet, pour Mme X..., la raison numéro cinq (mensonge) a une valeur immense et la première (pudeur) — Mme X... est d'une anatomie impeccable — n'en a aucune. Pour celle-ci, dont le mari seul a de la fortune, le numéro trois (risques) est un cran d'arrêt, tandis que pour l'autre, qui est plus mère qu'amante, le quatre (enfants) est infranchissable. Et ainsi de suite.

Mais on peut établir que ces combats où la nature et la société ont une égale part et qu'à des degrés différents subissent toutes les âmes délicates, prennent chez les femmes dont l'âme et l'éducation sont religieuses une teinte uniquement religieuse. Ces femmes ne voient plus que le péché. La lutte pour elles est entre le devoir et la passion. Mais le devoir est envers Dieu ; elles résistent au nom de la religion ; c'est à Dieu qu'elles demandent des forces pour lutter contre leur amour. Elles se suggestionnent au point que la religion leur devient réellement un soutien. Elles imaginent que c'est à cause de leur foi qu'elles ne cèdent pas.

En fait, on voit les mêmes combats chez

celles qui croient et chez les autres. Chez ces
dernières l'horreur du mensonge, de la trahison, l'impossibilité du partage, la pudeur, etc.
prennent la place que Dieu tient dans l'âme
de leurs sœurs croyantes.

Peut-être la lutte est-elle moins douloureuse, moins âpre, chez celles qui la livrent
à Dieu. Il est plus facile d'attendrir un Dieu
compatissant que de se fléchir soi-même
quand on a l'âme faite d'une certaine façon.

Puis, en Dieu, on est sûr de trouver le pardon final. Il y a mis certaines conditions,
une contrition sincère... Mais on l'éprouve toujours, au moins momentanément. En tout
cas, il a son représentant patenté qui se tient
à votre disposition dans une belle église parfumée. Le prêtre a des paroles d'indulgence
prêtes. Si vous pleurez, allez à lui.

Tandis que pour une femme droite, honnête, inaccoutumée aux compromissions, et
qui doit lutter seule, le combat est plus dur.

Mais on comprend aussi que cela ramène
les femmes, les faibles femmes, aux pieds du
prêtre, au confessionnal.

X

L'AMOUR ET LA LITTÉRATURE

La littérature vit dé l'amour.

Hélas! par un funeste retour, l'amour trop souvent vit de littérature. La littérature nous impose ses clichés, nous oblige à nous servir d'idées toutes faites. Au lieu de courir librement devant nous, nous sommes forcés de suivre les ornières tracées. Avant l'épreuve, nous savons quels sentiments doivent correspondre à telles situations. Et les situations évoquent fatalement ces sentiments associés, un mari trompé ne peut être que ridicule — ce qui est tout à fait absurde; une femme cédant à un premier amant doit à la tradition littéraire de crier qu'elle est perdue et de lamenter le sort de ses enfants.

Des années sont nécessaires pour que nous arrivions à nous retrouver nous-mêmes.

Longtemps nous sommes le double de frères romanesques qui agissent et parlent en nous. Nous ne discernons plus ce qui est à nous et ce qui leur appartient.

La littérature nous prend tout jeunes. Nous avons lu et réfléchi sur l'amour avant d'aimer.

L'État, le premier, se charge de notre éducation.

J'ai entendu un jour deux lycéens aux Champs-Élysées. Ils avaient entre treize et quinze ans; ils discutaient avec ardeur. Le plus petit dit d'une voix précise :

— Tu n'y es pas. Tu as raté le sujet. Hermione et Phèdre n'aiment pas de la même manière. Hermione est jalouse et poussée au crime par la jalousie. Phèdre est criminelle dans son amour même...

Le vent emporta la suite des paroles dans les bosquets élyséens et je poursuivis mon chemin en bénissant la Providence de m'avoir fait naître dans un pays d'intense culture amoureuse où les collégiens, sous la tutelle de professeurs patentés par l'État, font leur éducation théorique des passions avant que d'être hommes.

On peut poser en axiome que les héros de romans exercent une influence d'autant plus grande qu'ils doivent plus à l'imagination de l'auteur qu'à l'étude directe de la réalité.

Ces héros sont-ils vrais? Nous nous détournons d'eux, nous ne les écoutons point, nous nous refusons à confronter nos visages à leurs faces trop humaines. Quelle femme adultère se croira pareille à la malheureuse et passionnée Emma Bovary? Quel jeune homme voudra revivre Frédéric Moreau? Plus tard seulement, lorsque nous sommes rentrés de quelque terrible voyage, nous devenons sensibles au charme de ces voix tristes et persuasives.

Mais Mimi Pinson trouve, aujourd'hui encore, des admiratrices prêtes à l'imiter. En combien de jeunes gens vibre l'espoir de renouveler la fortune de Rastignac ? Qui n'espère rencontrer une madame de Nucingen, une duchesse de Maufrigneuse, une madame de Mortsauf. A vingt ans, on voit l'amour par les yeux de Balzac. Prestigieuses héroïnes du prince et roi de la littérature romanesque, nous vous avons cherchées passionnément à travers la vie et notre imagination avertie était si puissante que, ô miracle, nous vous avons parfois trouvées !

Du reste toute littérature d'amour est fallacieuse et mensongère. Dès qu'on écrit, on trompe le lecteur.

Nous aimerions savoir la vérité sur la vie sentimentale d'un Stendhal, d'un Byron, d'un Victor Hugo. Nous l'ignorerons toujours. Dans leurs confessions, les hommes de lettres mettent le plus grand soin à ne pas se révéler à nous. Lorsque, par hasard, un grand homme a pris des notes vraies sur lui-même, il se garde de les publier. Quelques-uns oublient de les détruire. Nous savons ainsi beaucoup de choses sur Stendhal, mais nous ne savons pas tout et il manque précisément ce qui nous intéresserait le plus.

Byron avait laissé des notes autobiographiques. Son exécuteur testamentaire les lut; terrifié, il les brûla. Perte irréparable! On refusa également de publier le journal de Schopenhauer. Et personne n'osa raconter sincèrement la vie du Titan Beethoven.

Mais qui de nous voudrait dire sa vie, toute sa vie?

Nous avons horreur de la vérité.

Lorsqu'on nous raconte une histoire vraie, nous sommes choqués par la vérité même des détails qui nous gênent, que nous voudrions supprimer, — que nous supprimons en effet, si nous avons à écrire cette histoire.

L'union des sexes est, dans la littérature comme dans la vie, la finalité suprême. Une fois qu'ils se sont joints, le Créateur ne leur demande plus rien, et l'homme de lettres, comme le Créateur, regarde son ouvrage, le déclare bon, et se repose.

Malgré son intelligence, l'homme de lettres n'arrive pas à imiter la nature. Il apporte dans les événements une logique un peu grosse, un ordre un peu médiocre, un arrangement factice.

En fait, les rapports que l'amour établit entre les êtres sont à la fois plus simples et plus compliqués que la littérature ne l'admet. Lorsque nous trouvons, par hasard, dans un livre des pages vraies qui semblent traduire exactement la réalité, nous nous étonnons et crions à l'invraisemblance, lorsque nous voyons, par exemple, dans *Les Confessions* les rapports qui s'établirent naturellement aux

Charmettes entre « Maman », le petit Jean-Jacques, et mon estimable homonyme, le discret et rare Claude Anet.

Quel romancier imagina jamais une vie à trois comme celle qui se mena dans la petite maison aux portes de Chambéry, ou qui, l'ayant imaginée, nous la raconterait dans sa sincérité sur un ton uni, sans mots excessifs, sans ironie et sans indignation ?

Dans trop de livres, l'amour n'est que timidités, craintes, hésitations, puis remords, angoisses. Il faut en conclure que chez les auteurs de ces livres l'amour n'a de retentissement que cérébral. Mais l'amour, c'est de la chair d'abord, de la peau, des muscles, des nerfs et du sang souvent.

Un des clichés dont la littérature a le plus usé et dont elle ne cesse, hélas ! de se servir est le suivant :

On suppose qu'une femme, honnête ou

non (pour employer la terminologie usuelle, mais sans valeur), ne peut entendre un homme lui déclarer qu'il l'aime, si délicatement qu'il le fasse, sans se sentir outragée. Il faut alors que tout rapport cesse entre eux; elle condamne sa porte à cet homme qui était hier son ami.

Voilà le thème familier à tant de romans anciens et à beaucoup de modernes.

En est-il de plus faux?

Comment outragerait-on une femme en lui déclarant qu'on ne voit rien de plus beau et de plus doux qu'elle, qu'elle promet le seul bonheur auquel on tienne, que les autres femmes auprès d'elle sont comme des ombres vaines, etc., etc.?

Y a-t-il là rien qui puisse porter atteinte à l'honneur d'une femme? Est-on un intrigant, un homme vil, un débauché, parce qu'on nourrit de tels sentiments et qu'on les confesse?

C'est pourtant ce que nous disent beaucoup de romans dont on loue la délicatesse. Mais dans la vie il n'en va pas ainsi. Regardons autour de nous pour voir comment les choses se passent.

Il n'est peut-être pas une femme qui n'ait

entendu au moins une fois la déclaration d'un homme épris d'elle. Quels sont à ce moment les sentiments qu'elle éprouve?

Elle en est d'abord flattée et heureuse, car une femme à qui on parle d'amour sent qu'on lui dit précisément ce qu'il est de sa destinée d'entendre; on se sert d'une langue qu'elle comprend et dont les mots ont en elle des résonnances lointaines. Elle en éprouve une grande satisfaction.

Il est rare que la déclaration la surprenne. Quand une femme est aimée, elle le devine à l'ordinaire bien avant qu'on lui en fasse l'aveu. La plus simple des femmes a sur ce point des lumières spéciales. Elle voit plus vite et mieux que l'homme le plus intelligent.

Si elle a beaucoup d'amitié pour l'homme qui se déclare, elle peut ressentir un peu de peine à l'idée du chagrin qu'il aura (dans l'hypothèse où la femme ne se donne pas). Mais il n'est presque pas une femme qui, à ce moment-là, ne s'imagine qu'elle « arrangera les choses », qu'elle défera ce qu'elle a fait. Encore ne tient-elle pas à le défaire complètement, car elle est fière, malgré tout, d'avoir inspiré un grand sentiment.

Si l'homme est ennuyeux, elle en conçoit de l'ennui.

En fait, elle peut éprouver mille sentiments divers, sans penser un seul instant qu'elle est outragée.

Ne voyons-nous pas auprès de chaque femme un homme au moins qui a été, à un moment donné, éperdument amoureux d'elle, qui a parlé... et qui est resté son ami le plus cher, le compagnon de chaque jour sans que, bien souvent, il ait obtenu ce qu'il demandait.

Voilà ce qu'on trouve lorsqu'on regarde dans la vie, mais dans les romans on continuera à nous montrer des jeunes gens n'osant se déclarer de peur d'outrager celles qu'ils aiment et des femmes tremblantes à l'idée d'entendre des paroles après lesquelles elles seront obligées de sonner leur domestique et de faire jeter à la porte l'ami qui leur était jusque-là si tendrement cher et dont elles goûtaient l'exclusive et délicate amitié.

Autre cliché : la déclaration.
On sait l'abus qu'on fait de la déclaration

dans les livres et surtout au théâtre. Cela se passe selon un rite fixé par les usages. A un moment donné (on recommande de choisir un temps orageux), le héros s'avance et déclare son amour en termes choisis et cadencés! il s'exprime avec une émotion qui sait se contenir, car rien n'est plus noble et mieux ordonné que l'exposition progressive de ses sentiments. — Et les spectateurs applaudissent.

J'imagine qu'il en est rarement ainsi dans la vie. Les grandes amours sont, à l'ordinaire, moins éloquentes; les vraies passions sont moins belles parleuses. Entre gens qui s'aiment, l'aveu ne se fait pas en longues phrases. Un mot, un geste, un regard même en réponse à une question banale, à l'occasion d'un incident insignifiant, suffisent à révéler à deux cœurs l'amour qu'ils se cachaient.

Si l'on parle avec éloquence, ce n'est qu'après, une fois la situation établie...

LA CRISTALLISATION

Stendhal a fait la fortune de la théorie dite de la cristallisation qui revient à ceci : « On voit la personne que l'on aime douée de toutes les perfections. »

Cela est faux. L'homme amoureux peut garder beaucoup de clairvoyance. Il ne prendra pas une sotte pour une femme d'esprit, une autoritaire pour une femme tendre. Mais il mettra au-dessus de tout une qualité aperçue dans celle qu'il aime. Il grandira à l'infini cette qualité qui existe pourtant en réalité. Aime-t-il, lui, intelligent, cultivé, une femme simple et sans culture, il ne s'y trompe pas et dit: « Que m'importe l'intelligence, cette faculté superficielle, brillante et sèche? Que m'apporteront de bonheur les idées acquises et les livres lus? J'en suis las. Il y a en cette femme les promesses d'une tendresse (ou d'une beauté, etc...) telle qu'auprès de l'amour qu'elle me donnera les satisfactions intellectuelles sont vraiment méprisables. »

Il attribue à cette qualité une valeur inestimable. Plus tard, lorsqu'il aura joui à son contentement de cette tendresse, de cette beauté, il verra qu'il l'avait surestimée, qu'elle ne supplée pas à ce qui manque, et qu'il est difficile d'avoir avec une femme une union complète.

«DON JUAN» DE MOLIÉRE

C'est un piteux personnage que celui de Molière au point de vue don juanesque. Voyez les moyens qu'il met en œuvre et le résultat qu'il obtient. C'est un grand seigneur, un homme de la cour; il a un magnifique habit doré, des rubans couleur de feu, un valet; il est jeune, beau, courageux. Qui va-t-il séduire cet homme prédestiné? Deux jeunes paysannes. Et comment? En leur promettant le mariage, tout comme s'il était un lourdaud de la ferme voisine !

Quelle belle figure de don Juan notre homme fait là ! Quelle partie difficile joue-t-il qu'il soit obligé d'en arriver au mariage pour réussir ! Être don Juan ! et user de moyens si bas ! Du reste, il ne connaît pas d'autre tactique. Il a séduit Elvire de la même façon. Il ne sait parler que de son argent, de ses relations, et de mariage ! Comment se peut-il qu'un don Juan plie son orgueil à d'aussi misérables manœuvres?

Le véritable don Juan ne veut devoir son

succès qu'à lui-même. Les conditions complètes du don juanisme ne sont réalisées que si le héros est sans fortune, sans nom, sans position avantageuse (Julien Sorel et Mlle de la Môle). S'il est noble, riche et puissant, il cache ces avantages et renonce à s'en servir. Alors seulement est-il sûr de triompher par ses propres moyens, par ce qu'il est, et non par ce qu'il a. Ce n'est ni pour payer des notes de couturier, ni pour se pousser dans le monde qu'on le choisit; il ne promet rien aux femmes et aux filles auxquelles il fait la cour; il se considérerait comme déshonoré s'il gagnait une femme par une promesse de mariage. Cela est vraiment trop facile ; il se refuse ces moyens qu'il laisse à ceux qui ne peuvent vaincre par eux-mêmes. Don Juan joue la difficulté et met son honneur à être sincère. Il ne dit pas : « Je jure de vous aimer toujours. Votre vie et la mienne ne feront qu'un à jamais ». Il dit au contraire : « Je vous aime et cela répond à tout. Demain ne nous appartient pas, je ne vous épouserai jamais. Mais c'est aujourd'hui que je vous veux. Je veux que vous m'aimiez à ce point de vous donner à moi sans réserves, sans garanties.

Si vous ne m'aimez pas assez pour commettre une divine imprudence, je ne veux pas de vous. Laissons à d'autres le calcul, l'intérêt, le souci de ceci et de cela, le compte de ce qu'on livre et de ce qu'on reçoit. Il ne s'agit pas d'un marché, mais d'amour. Et comme je puis vous donner cela qui est sans prix et au-dessus de tout, vous m'aimerez... »

Voilà le thème que développe éloquemment don Juan.

VALMONT

Valmont, des *Liaisons dangereuses*, est un véritable don Juan. La façon dont il mène la double conquête de Cécile Volanges et de la présidente de Tourvel est, don juanesquement, digne de tous éloges, par la diversité des moyens employés, la vive intelligence des situations et des caractères, par l'habileté, le sang-froid au milieu de la passion, par l'amour puissant du jeu et du risque. Le cynisme de Valmont n'ajoute rien à ses qualités essentielles de séducteur.

Il faut remarquer que ce n'est pas le désir

seul de la conquête qui pousse Valmont. Il ne combine pas ses victoires à froid. Non, il est vraiment amoureux de Mme de Tourvel ; il la désire passionnément. Mais, c'est là le trait remarquable du don juanisme, cet amour ne le paralyse pas, ne le rend pas aveugle. Au contraire, il n'a jamais plus de sang-froid ; il n'est jamais plus perspicace, plus propre à jouer un jeu difficile qu'au moment où il est le plus amoureux. Rester maître de soi, garder une vue claire des choses dans le tumulte de la passion, voilà la qualité suprême de don Juan.

Un trait du même genre est à signaler en Julien Sorel dans la fameuse scène de la bibliothèque à l'hôtel de la Môle.

Paris, 1903-1908.

TABLE DES MATIÈRES

www.ingramcontent.com/pod-product-compliance
Ingram Content Group UK Ltd.
Pitfield, Milton Keynes, MK11 3LW, UK
UKHW021011140726
13695UKWH00001B/192